H0461034

M. Ömür Akkor

Muhammed Ömür Akkor stammt aus Kilis in der Türkei. Nach Abschluss eines Ökonomie-Studiums an der Uludağ Universität in Bursa absolviert er zurzeit ein Zweitstudium an der Anadolu Universität in Eskişehir im Fach „Kulturelles Erbe und Tourismus". Akkor forscht zu vergessenen Gerichten der türkischen Küche. Für seine Rezepte ist ihm kein Weg zu weit. Immer wieder reist er zu Recherchezwecken durchs ganze Land. Außerdem steht er regelmäßig für Kochmagazine vor der Kamera und verfasst Artikel über Essenskultur und Reisen.

Buchpublikationen in türkischer Sprache:

- *Bursa Mutfağı* („Die Küche von Bursa", ausgezeichnet bei den Gourmand Cookbook Awards 2009 in der Kategorie Best Local Cuisine Book)
- *Osmanlı'dan Günümüze Yumurtalı Tarifler* („Osmanische Rezepte für Eiergerichte", ausgezeichnet bei den Gourmand Cookbook Awards 2012 in der Kategorie Best Corporate Book)

1. Auflage

Erschienen im Main-Donau Verlag

Übersetzung
Numan Sarraç

Lektorat
Abdullah Kulaç & Wilhelm Willeke

Miniaturen
Susan Çataloluk

Wandfliesen
İbrahim Kuşlu

Fotografie / Food Design
M. Ömür Akkor & Semih Ural

Gestaltung / Buchcover
Engin Çiftçi & Yavuz Aydemir

Grafik und Layout
Nurdoğan Çakmakcı

Korrespondenz:
Gerbermühlstr. 32 60594 Frankfurt am Main
Tel: +49 69 95932138
Fax: +49 69 95932139
www.main-donau-verlag.de

www.anatolischekueche.de

ISBN: 978-3-944206-16-5

Druck:
Istanbul - Türkei

Anatolische KÜCHE

DIE EPOCHE DER SELDSCHUKEN

GARNIERT MIT EINER SPANNENDEN GESCHICHTE AUS DER SULTANSKÜCHE

M. ÖMÜR AKKOR

main donau VERLAG

INHALT

VORWORT

Die Seldschuken faszinieren mich schon lange; ihre Kunst, ihre Leistungen auf dem Gebiet der Mathematik, ihre ganze Lebensweise. Irgendwann ging mein Interesse an dieser Kultur so weit, dass ich den starken inneren Drang verspürte, mir ihren ehemals bedeutendsten Palast anzuschauen - oder zumindest das, was heute noch von ihm übrig ist. Deshalb unternahm ich eine Reise auf den Spuren der Seldschuken in die türkische Stadt Beyşehir. Allerdings hätte ich mir niemals träumen lassen, in was für eine Geschichte ich dort hineingezogen werde...

Mit diesem Buch möchte ich meinen geschätzten Leserinnen und Lesern nicht nur die Küche der Seldschuken nahebringen, sondern ein wenig auch ihr Alltagsleben und den Geist ihrer Epoche. Wenn Sie sich beim Schmökern in der Geschichte, beim Durchforsten der Kochrezepte oder beim Ausprobieren der Gerichte in die Zeit der Seldschuken zurückversetzt fühlen sollten, dann ist dies zu einem großen Teil auch Suzan Çataloluk und Ibrahim Kuşlu zu verdanken, deren Illustrationen dem Text erst wirklich Leben einhauchen. Ihre Miniaturen, die der damaligen Zeit nachempfunden sind, und seine sorgsam restaurierten alten Keramiken sind wahrlich kleine Kunstwerke.

Das Buch besteht aus drei Teilen: Im ersten Teil erzählt ein seldschukischer Koch von seinem Leben am Hof des Sultans im 13. Jahrhundert. Im zweiten Teil berichtet ein Koch von heute von allerlei merkwürdigen Erlebnissen, die ihm in der modernen Stadt Beyşehir widerfuhren; von Erlebnissen, die auf irgendeine Art und Weise mit der Geschichte des seldschukischen Kochs aus Teil eins verknüpft zu sein scheinen. Im dritten Teil schließlich stelle ich Ihnen Kochrezepte vor, die ich aus der Seldschukenzeit rekonstruieren konnte.

Natürlich hatte die seldschukische Küche seinerzeit noch viel mehr zu bieten als die in diesem Buch präsentierten Gerichte. Aber leider ist die Zahl der erhalten gebliebenen Quellen begrenzt. Weil von manchen Gerichten außerdem leider nur die Namen oder allein die Zutaten überliefert sind, sei darauf hingewiesen, dass ich bei der Zusammenstellung der Rezepte in diesem Buch nicht nur von meinen Erfahrungen als Koch, sondern auch von meiner Mitarbeit bei den Ausgrabungen von Alaca Höyük (einem Siedlungshügel in Zentralanatolien) profitieren konnte. Die Funde dort boten mir die Möglichkeit, intensiv den Speiseplan der alten Hethiter zu studieren.

Mit meinen Forschungen zu den Ursprüngen und zur Geschichte der Speisen, die in der Türkei der Gegenwart serviert werden, möchte ich neue Fenster zur türkischen Küche öffnen. Ich hoffe, dass auch dieses Buch Interesse für die Seldschuken-Küche wecken und Anreiz für weitere Forschungsprojekte geben kann.

Hochachtungsvoll

M. Ömür Akkor

DANKSAGUNG

Ich möchte meinen Lehrern Ibrahim I. Öztahtalı und Zeki Gürdal Karaoğlu dafür danken, dass sie mich stets auf meinem Lebensweg begleitet und die Geschichte dieses Buches mitgestaltet haben. Mein besonderer Dank geht außerdem an Ibrahim Kuşlu für seine rekonstruierten Fliesen- und Tellermalereien, an Suzan Çataloluk für ihre Miniaturzeichnungen, an Semih Ural für seine wunderbaren Fotos zu den Rezepten und an Haluk Sönmezer für das Buchdesign.

Darüber hinaus möchte ich mich bedanken bei meinen treuen Helfern von der Ali Akkanat Berufsfachschule und dem Konya-Campus der Selçuk Universität sowie vor allem bei Elvin Otman, der Dozentin des historischen Instituts der Bilkent Universität; bei meiner geliebten Schwester Zennup Pınar Çakmakcı und ihrem Ehemann Ramazan Çakmakcı, die jedes Rezept eingehend geprüft, jede Zeile korrekturgelesen und damit mindestens genau so viel Arbeit in dieses Buch investiert haben wie ich; bei Nevin Halıcı, die eine wahre Expertin für die türkische Küche ist und von deren Werken ich bei der Abfassung der Rezepte sehr profitieren konnte; bei Yücel Erdemir, Sevim Üstünbostancı, Selehattin Tetik, Şahin Tetik, Veysel Varhan, Emre Idrisoğlu, Özlem Koçak, Barış Paçacı, Sezer Ormancı, Orhan Mutlu und Nazik Kaymak, meinen Kollegen aus dem Bademiçi Restaurant, für ihre Unterstützung beim Erstellen der Fotos; bei Tevfik Türkyılmaz, meinem geschätzten Mentor und seiner Familie; bei meiner Mutter Cevriye Bilgici, meinem Vater Doğan Akkor und meinem Zwillingsbruder Yunus Emre Akkor, die mich nie im Stich ließen; und last but not least bei meiner ‚Zweitfamilie' aus Bursa, der Familie Doğan. Ohne ihre Mithilfe hätte dieses Buch nicht entstehen können.

Für Lara Uğurlu,
die genau wie der Koch dieser Geschichte ewig leben wird.

Teil I

1236

Je länger ich in dieser Gegend verweilte,
desto größer erschien sie mir,
desto mehr schwanden ihre Grenzen dahin.
In Konya fühlte ich mich wie eine Ähre.
Manchmal schüttelte mich der Wind, jedoch nie sehr weit fort.

Wandfliese aus dem Hamam des Kubad Abad Palasts,
13. Jahrhundert

DER LÄNGSTE APRIL

Der Frühling kam in diesem Jahr spät nach Konya.

Was mich ausgerechnet in diese Stadt verschlagen hatte, konnte ich schon gar nicht mehr genau sagen, aber das störte mich nicht weiter. Irgendwann hatte ich hier meinen Frieden gefunden, glaubte es zumindest, und seitdem verließ ich unseren Dergah (Derwisch-Konvent; siehe auch Glossar) nur noch selten.

Ich war ein Küchengeselle, und heute Morgen sollte ich die Suppe vorbereiten. Zu allererst fachte ich den Ofen an und vertrieb mit dem Feuer die Kälte. Dann holte ich die Zutaten aus der Vorratskammer. Ging es mir deshalb so gut, weil ich hier im Dergah ganz im Kochen aufging und die Vergangenheit dadurch in den Hintergrund rückte? Oder lag es an der stillen Beschaulichkeit der grünen Oase Konya? Wie lange war ich jetzt schon hier? Was hatte ich in dieser Zeit alles erlebt? Ich hatte es beinahe vergessen. Stattdessen war ich von einer seltsamen Ruhe erfüllt, und ich blieb und blieb. Ich untersagte mir jeden Gedanken daran, diesen Ort jemals wieder verlassen zu müssen. Er stellte nun meine ganze Welt dar. Je länger ich hier verweilte, desto größer erschien sie mir, desto mehr schwanden ihre Grenzen dahin. In Konya fühlte ich mich wie eine Ähre. Manchmal schüttelte mich der Wind, jedoch nie sehr weit fort.

Gedanken wie diesen nachhängend, fand ich mich unversehens in der Vorratskammer wieder. Das geschah mir oft. Ich entnahm der Kammer Fleisch, zwei Zwiebeln, Weizengrütze, die ich gestern bereits zum Einweichen in Wasser gelegt hatte, Kichererbsen, Bohnen und grüne Linsen. Dann kehrte ich in die Küche zurück und widmete mich meiner Steinofensuppe *(Tandır çorbası)*. Schon letzte Nacht hatte ich dafür eine Fleischbrühe vorbereitet uns sie ins Feuer gestellt, bevor es ausging. Nun nahm ich sie aus dem Ofen, stellte sie auf die Herdplatte und warf die Hülsenfrüchte hinein. Dann gab ich das im Winter getrocknete Fleisch und die klein gehackten Zwiebeln zum Anbraten in eine Pfanne.

Je stärker die Herdflammen loderten, desto stärker entfalteten sich die Düfte der Zutaten. Und je stärker sie sich entfalteten, desto trefflicher würde das Essen am Ende schmecken. Wieder fand ich Zeit nachzusinnen. Vielleicht war das Leben ja genau so einfach wie das Kochen. Und vielleicht blieb ich ja aus diesem Grunde in Konya. Mein Meister sagte einmal zu mir: „Kochen setzt Klasse voraus.“ Monatelang musste ich geduldig warten, bevor ich endlich meine erste Suppe zubereiten durfte...

RUHE AM NACHMITTAG

Im Dergah legte sich die Hektik allmählich. Die Ruhe des Alltags kehrte wieder ein. Zwar hatte sich der Frühling verspätet, doch nun genoss ich vor der Küche sitzend die ersten wärmenden Strahlen der Aprilsonne. Da plötzlich kam der Vorsteher unseres Dergahs, unser Scheich, auf mich zu. Er war bereits früh morgens aus dem Haus gegangen und nun am späten Nachmittag zurückgekehrt.

Er bat mich um ein Glas Wasser.

Ich lief in die Küche und schenkte ihm ein Glas Wasser ein, und weil es ihn vielleicht auch nach Saft dürsten könnte, ein zweites Glas mit Essigsorbet (*Sirkencubin*). Leise näherte ich mich seinem Zimmer und servierte ihm das Tablett mit den Getränken. Als ich wieder zur Tür hinaus gehen wollte, gab er mir mit auf den Weg: „Ein Hochgenuss ist, wenn man Honig und Essig zu gleichen Teilen mischt." Kaum hörbar pflichtete ich ihm bei und zog mich zurück - geradewegs in die Küche, wo ich mich beeilte, Honig, Essig und Wasser in einen Kupferkelch zu schütten und das Gemisch mit meinem Holzlöffel solange umzurühren, bis sich der Honig auflöste. Dann nahm ich die Schöpfkelle zur Hand und trank hastig einige Schlucke. Augenblicklich fühlte ich mich erfrischt, ganz als wäre der warme April einem kühlen Winter gewichen. Ich weiß nicht mehr, wie viel ich trank, aber offenbar hatte ich die richtige Mischung gefunden: eins zu eins - genau wie mein weiser Scheich es mir empfohlen hatte.

ALTER TAG –
NEUER TAG

Ich hatte das richtige Mischverhältnis für das Sorbet gefunden. Aber warum? Weil die Zeit reif gewesen war? Was hatte mich dazu veranlasst zu erkennen, dass ich mit dem Wasser ein Sorbet anbieten musste? Und wenn ich diesen einen günstigen Moment verpasst hätte, wäre ich dem richtigen Mischverhältnis dann später wohl trotzdem auf die Spur gekommen? Fast die ganze Nacht lang lag ich wach und dachte darüber nach.

Dies war eines der Dinge, die mich im Dergah am meisten Kraft kosteten: Ich versuchte, der Stille Bedeutung einzuhauchen - eine meiner Lieblingsbeschäftigungen. Jetzt aber musste ich unbedingt schlafen, denn morgen sollte ich früh aufstehen und auf dem Basar gegenüber dem Dergah den Einkauf besorgen. Dort trieb ich mich immer sehr gern herum: Ach, könntet ihr dieses farbenfrohe Spektakel nur mit eigenen Augen sehen! Keinen Ort in Konya schätzte ich mehr. Bis dorthin und nicht weiter konnte die Ähre ihren Kopf strecken. Wenn es den Basar nicht gäbe, würde ich unseren Dergah wohl überhaupt nicht mehr verlassen.

Als ich aufwachte, wusste ich nicht, wie lange ich geschlafen hatte. Aber wenn man auf einer Strohmatte nächtigt, spielt das ohnehin keine Rolle, da ihre Härte stets unerbittlich ist. Den neuen Aprilmorgen begrüßend, wusch ich mir im Kupferwaschbecken das Gesicht und begegnete in der Küche Yunus, der letztes Jahr zu uns in den Dergah gekommen war. Er hatte schon eine Suppe gekocht: meine Lieblingssuppe - ein Festmahl von einer Brühe, mit klein geschnittenem gedünstetem Hammelfleisch und Kichererbsen (*Tutmaç çorbası*).

Alles deutete auf einen schönen Tag hin. Die Sonne strahlte hell vom Himmel. Das Gemüse auf dem Basar würde in ihrem Licht unglaublich schön aussehen, ebenso wie die lächelnden Gesichter, denen ich dort begegnen würde. Schon daher rührt meine Vorliebe für den Frühling und den Sommer. Mit den Worten „Das war ein vorzüglicher Start in den Tag!“ dankte ich Yunus und verließ den Dergah.

Ich lebe keineswegs allein im Dergah, der Eindruck täuscht. Aber die Stille dort sorgt dafür, dass ich mich manchmal wie von der Außenwelt isoliert fühle. Nun aber machte ich mich, die Sonne im Rücken, auf den Weg zum Basar. Ganz Konya war mit mir zusammen aufgewacht und bereits auf der Straße. Einige Händler hatten ihre Stände schon hergerichtet, andere trafen gerade ein. Dies war die schönste Zeit auf dem Markt. Das angepriesene Obst und Gemüse sah aus, als käme es gerade frisch vom Baum oder vom Feld. Natürlich herrschte ein hektisches Treiben. Aber selbst diese Betriebsamkeit war von jener sonderbaren Stille überlagert, die ich überall in der Stadt, vor allem aber im Dergah wahrnahm.

An den Ständen lagen die Feldfrüchte fein säuberlich aufgestapelt. Die Erde, die sich noch an ihre Wurzeln klammerte, verströmte einen natürlichen, wohlriechenden Duft. Es wimmelte nur so von Gemüse-, Brot-, Joghurt- und Käseverkäufern, die dem Basar eine einzigartige Atmosphäre verliehen.

Nach dem Einkauf hatte ich so viel zu tragen, dass ich kaum mehr laufen konnte. Doch trauerte ich noch immer ein wenig dem Schimmelkäse nach, den zu kaufen ich versäumt hatte. „Was soll's?", sagte ich mir ohne Gram. „Er kann bis zum nächsten Mal warten."

Und so kehrte ich zufrieden in den Dergah zurück.

EIN WAHRES TOHUWABOHU

Mein Meister war längst in der Küche. Also rief ich ihm zu: „*Destur hu erenler!*“ - Mit Verlaub, ihr Herren! - Denn wer die Küche betreten wollte, musste zunächst um Erlaubnis bitten. Sie wurde mir erteilt. Die Küche war der heiligste Ort im Dergah. Man glaubte, dort lebe ein Geist, der nicht gestört werden will, und hielt sich deshalb besonders streng an die förmlichen Benimmregeln.

Da heute der segensreiche Freitag war, sollte ein Fleischgericht zubereitet werden. Nur freitags kam Fleisch auf den Tisch. Das Freitagsgericht! Wer an diesem Tag mit dem Meister zusammen kochen durfte, war zum Koch gereift, so hieß es. Neulinge ohne Erfahrung wie ich hatten freitags nichts in der Küche zu suchen. Also legte ich meine Einkäufe ab und wollte mich gerade aus dem Staub machen, als mir mein Meister ein „Halt!“ hinterherrief.

War ich etwa...? War ich etwa befördert worden?

Anwärter auf eine Tätigkeit in der Küche mussten zunächst einmal drei Tage lang auf einem Fell sitzen und den Köchen bei der Arbeit zuschauen. Wenn sie dann immer noch in der Küche arbeiten wollten, mussten sie 18 Tage lang als Laufbursche aushelfen. Erst wenn sie auch diese Prüfung bestanden, bekamen sie am Ende des 18. Tages ihre Küchenuniform überreicht. Danach begann ihre Bewährungszeit, die 1001 Tag währte. Mit den Arbeiten, die man ihnen immer und immer wieder abverlangte, wurde ihre

Geduld auf eine harte Probe gestellt. Andererseits gehörte Geduld im Dergah zu den Grundtugenden. Der wichtigste Teil der Prüfung lag darin, die Dinge so zu akzeptieren, wie sie sich darstellten. Eine ähnlich wichtige Rolle spielten Loyalität und persönliches Auftreten. So mancher hielt den Anforderungen nicht stand und verließ den Dergah wieder.

Nun hatte ich also die Ehre, an einem Freitag neben meinem Meister Yusuf in der Küche zu stehen. Auf dem Holztisch lagen Auberginen, Edelpflaumen und Fleisch. Soweit ich es aus den Zutaten herauslesen konnte, wurde *Çömlek Kebabı* zubereitet. Mein Meister sagte zu mir: „Komm, mach dich nützlich, und schneide als Erstes die Auberginen klein."

War ich etwa...? War ich etwa wirklich zum Koch gereift?

Mit großem Eifer erledigte ich, was mir aufgetragen wurde, dann stellte ich mich selig etwas abseits. Aber mein Meister ließ mir kaum Zeit zum Verschnaufen: „Zier dich nicht so, komm näher zum Ofen!" Schnell merkte ich, dass neues Feuerholz benötigt wurde. Aber als ich mich zur Tür wandte, pfiff mich mein Meister zurück. Ich drehte mich zu ihm um und sah, dass er einen frischen Stoß Holz in Händen hielt. Mein erstes Freitagsgericht war gerettet, Gott sei Dank! Und schon bald erfüllte der Duft des *Çömlek Kebabı* die ganze Küche.

Die Tafel war gedeckt. Vor jedem der Geladenen lagen ein Holzlöffel, ein Häufchen Salz und drei Scheiben Brot. Das Hauptgericht wurde in die Mitte gestellt. Bevor man mit dem Essen begann, befeuchtete man sich zuerst einen Finger, tunkte ihn in das Salz und ließ es sich auf der Zunge zergehen. (Zum Ende des Essens wiederholte man diese Prozedur noch einmal.) Dann nahmen alle ihren Löffel zur Hand und bedienten sich aus der Schüssel in der Mitte. Sie näherten sich ihr mit dem Löffel zwischen Daumen und Zeigefinger in abgewinkelter Handhaltung von der Seite, nicht frontal. Rechtshänder häuften sich die Speise auf die rechte Seite ihres Löffels, Linkshänder auf die linke Seite. Auf dem Weg zum Mund kippten sie das Essen dann mit geübten

Bewegungen auf die jeweils andere Seite des Löffels, sodass die Seite, die sie in die Schüssel tauchten, nie mit ihrem Mund in Berührung kam.

Man hielt sich an diese Benimmregeln bei Tisch und sprach auch nicht miteinander. Wenn jemand etwas trinken wollte, gab er dem Mundschenk ein Zeichen. Dieser füllte ihm Wasser ab und küsste das Glas, bevor er es ihm zurückgab. Der Dürstende nahm das Glas entgegen und trank erst daraus, nachdem auch er es geküsst hatte. Währenddessen unterbrachen die übrigen Anwesenden das Essen kurz, um dem auf sein Glas Wartenden nichts wegzuessen.

Nach dem Tischgebet erhob ich mich. Ich wollte mich hinlegen und ein wenig lesen, als mich mein Meister Yusuf, den man auch den Ateşbaz-ı Veli (den heiligen Feuerschlucker) nannte, aufforderte, ihm in den Rosengarten zu folgen. Dort nahm er an der Seite auf einem großen Stein Platz. Ihr erratet nicht, welche Gedanken mir auf dem kurzen Weg dorthin alle durch den Kopf schossen. Hatte ich irgendwelche Fehler gemacht? Hatte ich ihm Anlass gegeben, unzufrieden mit mir zu sein?

Er sah mich lange Zeit schweigend an, bevor er mir schließlich eröffnete: „Du wirst uns verlassen, pack deine Sachen zusammen!"

Es war, als würde der ganze Dergah auf mich hinabstürzen.

„Pack deine Sachen zusammen!" - Was bedeuteten diese Worte schon für jemanden, der außer einer Matte zum Schlafen nichts besaß? Was gehörte mir denn? Rein gar nichts. Und wohin konnte ich denn gehen? Mir wollte kein passendes Ziel einfallen. Mit offenem Mund und wie versteinert stand ich vor meinem Meister. Weder hatten meine Schuhe heute Morgen Richtung Tür gezeigt, noch war ich zur Hintertür gerufen worden. Auf diese Weise wurde sonst fortgeschickt, wer im Dergah nicht länger erwünscht war. Und trotzdem wurde ich jetzt hier im Rosengarten mit dieser äußerst schmerzlichen Realität konfrontiert. Wohin würde mein Weg mich nun führen? Worauf hatte ich mich vorzubereiten?

Wandfliese aus dem Hamam des Kubad Abad Palasts,
13. Jahrhundert

DIE REISE

Sultan Keykubad würde im Mai in seinen jüngst fertiggestellten Sommerpalast Kubad Abad umsiedeln, und ich war dazu ausersehen, in seiner Palastküche zu arbeiten.

So einfach, und doch so schwer.

Bis zu dem Tag war noch nie jemand aus dem Dergah in den Sultanspalast geschickt worden. Warum jetzt, und warum ausgerechnet ich? Seitdem ich im Rosengarten erfahren hatte, was auf mich zukommen würde, konnte ich keinen klaren Gedanken mehr fassen. Ich würde zwar gehen, natürlich. Doch mein Herz würde zurückbleiben.

Meine Strohmatte wollte mir heute Nacht noch weniger Schlaf schenken als in anderen Nächten. Ich tat kein Auge zu. Meine Vorbereitungszeit war kurz bemessen. Ich würde schnell aufbrechen müssen. Je länger ich zögerte, desto schwieriger würde sich die Reise gestalten. Mir verblieben ganze zwei Tage.

War meine Ausbildung hier im Dergah denn abgeschlossen? Und selbst wenn, was hatte ich schon in einem Palast verloren? Gab es denn keinen geeigneteren Ort für mich?

Ich erwachte aus dem Halbschlaf, wusch mir Hände und Gesicht und ging auf den Hof hinaus. So viele Jahre hatte ich hier verbracht. Der Dergah war mir Mutter, Vater, Geliebte, Heimat, Sehnsucht, Familie geworden. Ich durfte nicht daran denken und tat es doch unentwegt. Je mehr, desto trauriger wurde ich. Und je trauriger ich wurde, desto mehr dachte ich daran.

Lautlos fiel ein Blatt vom Baum. Es gehörte zu dem Baum, ohne Zweifel. Wer konnte daran etwas ändern? Auch wenn das Blatt nun auf dem Boden lag.

Ich für meinen Teil gehörte zum Dergah. Wohin ich auch gehen mochte, nichts würde an dieser Tatsache etwas ändern. Der Dergah hatte in meinem Herzen unauslöschliche Spuren hinterlassen, auch wenn man das von außen nicht sehen konnte.

Endlich fühlte ich mich etwas besser. Als ich mich umdrehte, stand plötzlich mein Meister vor mir.

„Wasser mag einige Tage lang in die falsche Richtung fließen, aber mit Gottes Segen wird es doch irgendwann wieder in sein Becken zurückkehren“, sagte er zu mir und legte mir einen Zettel in die Hand. Ohne einen Blick auf das Stück Papier zu werfen, steckte ich es mir in die Tasche.

Dann schickte er mich zum Einkaufen. Heute Abend würde er ein Festmahl für mich ausrichten. Vielleicht mein letzter Besuch im Basar. Mein Schicksal lag im Dunkeln.

War der Markt heute Morgen besonders still, oder kam mir das nur so vor? Innerlich glühte ich, stand kurz vorm Kochen. Mir graute fast vor dem Essen. Träge kehrte ich in die Küche zurück. Um die Zubereitung des Festmahls würden wir uns zusammen kümmern. Mein Meister entschied, was es sein sollte: *Belh Reis* und *Honig-Halwa*. Alle von uns waren in der Küche, ein letztes Mal gemeinsam versammelt. Wir legten die Zutaten bereit. Wir nahmen uns Zeit. Es war noch lange hin bis zum Abend, und so versuchten wir, uns abzulenken. Der Tag ging schnell vorüber, viel schneller als gewöhnlich. Wenn man weiß, dass man fort muss, kann man die Zeit nicht anhalten. Wir richteten den Reis an, und wir brieten das Halwa. Köstliche Düfte breiteten sich aus.

Das Essen sollte im Empfangssaal aufgetragen werden. Sogar unser Dergah-Scheich würde kommen, außerdem ein Ehrengast. Wer mochte das sein?

Rund um den Holztisch mit den kurzen Beinen wurden Sitzpolster ausgelegt. Dann nahmen der Scheich, mein Meister und ich Platz. Aber wo blieben die anderen Gäste? Die Stille, das Essen, der bevorstehende Abschied. Von der feierlichen Stimmung überwältigt, kamen mir die Tränen. Meine Blicke trafen sich mit denen des Scheichs, und er fragte mich mit einem Lächeln auf den Lippen: „Was ist denn los?“ Da plötzlich verstand ich. Ich selbst war der Gast. Ich wurde mit allen Ehren verabschiedet.

Nach dem Essen zog ich mich in mein Zimmer zurück und muss beim Lesen eingeschlafen sein. Am nächsten Morgen erwachte ich erst mit dem Ruf zum Morgengebet. Alle anderen waren schon auf den Beinen.

Am Südtor sollte ich mich der Karawane anschließen, und nach einem Tagesritt würden wir gegen Abend in Beyşehir ankommen. Vor dem Dergah stand ein Abgesandter der Karawane, der mein Pferd am Halfter hielt. Ich nahm Abschied von meinen Freunden, bat den Dergah-Scheich um seinen Segen, küsste meinem Meister die Hand und brach auf.

Darf ich euch etwas verraten: Vom ersten Moment an wusste ich, dass ich nie mehr nach Konya zurückkehren würde. Denn diese Reise war kein gewöhnlicher Auftrag.

Morgensonne,
Aprilfrische,
Mein rotbraunes Ross.
Jahrhunderte entfernt von Vergangenheit und Zukunft.

Mein gesamtes Hab und Gut ließ ich zurück, sogar das Fell, auf dem ich immer so gern saß. Es war das erste Mal, dass ich mich so weit von der Stadt entfernte. Als ich mich noch einmal umblickte, sah ich Konya als kleinen Punkt in einer schier endlos großen Ebene daliegen. Wie winzig mir die

Stadt auf einmal vorkam. Ich hob die Hand und winkte ihr zu. „Lebe wohl, Konya!“, sagte ich. Plötzlich fiel mir der Zettel wieder ein, den mir mein Meister gestern Abend in die Hand gedrückt hatte. Welche Botschaft er wohl für mich bereithielt? Ich zog ihn aus der Tasche und faltete ihn vorsichtig auf. Was darauf stand? Nichts, kein einziges Wort. Vorsichtig ließ ich ihn wieder zurück in die Tasche gleiten.

Nach einer Ewigkeit legten wir endlich eine Trinkpause ein. Es war nicht mehr weit bis Beyşehir. Die Aprilsonne ließ mich ihre Wärme spüren, ohne jedoch zu stechen. Ich stieg vom Pferd und merkte, wie aufgeregt ich war. Das wunderte mich. Hatte ich denn Anlass dazu? Ich holte ein Brot hervor und schlang es herunter. Schon forderte uns der Führer der Karawane auf,

Seldschukischer Teller,
13. Jahrhundert

keine Zeit zu verlieren, und rasch zogen wir weiter. Meine Anspannung stieg noch immer. Wir passierten ein schmales Tal und plötzlich breitete sich direkt vor meinen Augen ein grünes Gewässer aus.

Es war dasselbe Grün, das auch die Geräuschlosigkeit des Dergahs ausgestrahlt hatte; dasselbe Grün, das mich dort manchmal verrückt gemacht hatte, aus dem ich aber beizeiten auch Ruhe und Kraft geschöpft hatte. Ich erstarrte. Mir war, als stünde die Zeit still. In dem Moment dachte ich zum ersten Mal: „Nichts wird je wieder so sein, wie es einmal war."

Mein Pferd schien sich keinen Meter mehr vor oder zurück zu bewegen, und ich selbst ging ganz im Anblick des Wassers auf. Wo waren wir hier gelandet? Wir liefen eine Zeitlang am See entlang, bis plötzlich der Palast von Beyşehir vor uns auftauchte. Unser Ziel. Er lag auf einer Anhöhe und seine Ausläufer erstreckten sich bis zum See.

Als der Karawanenführer mich aufforderte, den Oberküchenmeister zu suchen, übergab ich ihm mein Pferd und ging zu Fuß weiter zum Palasttor. Der Wache dort sagte ich, dass ich aus dem Dergah käme und den Oberküchenmeister sehen müsse. Er führte mich zu einer weiteren Tür, an der ich mein Anliegen erneut vortrug. Dann ging es zu noch einer Tür und zu noch einer, bis ich endlich vor der Tür des Oberküchenmeisters stand. Wozu dieser Aufwand? Im Konvent hatte man selbst dann an nur eine Tür klopfen müssen, wenn man den Scheich höchstpersönlich sprechen wollte. Daher verwunderte mich diese umständliche Prozedur. Außerdem irritierten mich die vielen Menschen hier.

Der Oberküchenmeister eröffnete mir, dass man mir gleich meinen Schlafbereich zeigen würde. Man würde mir einige Tage Zeit geben, damit ich mich an die Küche gewöhnen könnte, und mir dann weitere Anweisungen zukommen lassen. Er rief einen Laufburschen zu sich und befahl ihm, mich zu meinem Zimmer zu begleiten. Als wir auf den gepflasterten Hof hinaustraten, hatte die untergehende Sonne den Ort bereits in ein sattes Rot gehüllt. Die Großküche befand sich im oberen Teil des Palasts, die Zimmer der Bediensteten hingegen im unteren Teil der Anlage. Und so gingen wir dorthin. Über eine Treppe gelangten wir zu einer kleinen Terrasse, von der aus man einen herrlichen Blick auf den See hatte, und unmittelbar dahinter zu einem Korridor, von dem aus einige kleine Kammern abgingen. Der Zimmerjunge öffnete mir die letzte Holztür und sagte: „Das ist dein Zimmer. Richte dich ein! In der Kantine neben der Terrasse findest du etwas zu essen. Halte dich danach dort bereit. Ein Mitarbeiter der Küche wird dich abholen."

Alle vier Wände meines neuen Zimmers waren aus Stein. Es gab einen Wandschrank und - am erstaunlichsten - ein richtiges Bett auf dem Boden. Vom Fenster aus konnte ich die Terrasse und den See sehen. Ich war beeindruckt. Im Dergah in Konya hatten mir Mauern die Sicht versperrt. Ich verließ das Zimmer wieder und ging zur Terrasse zurück. Die Sonne sah inzwischen aus wie ein Feuerball und stand genau über den Bergen gegenüber. Am See entdeckte ich einen kleinen Holzsteg, dem ich nicht widerstehen konnte. Also stieg ich die Steintreppe hinunter. Ich dachte mir: „Bevor du in die Küche gehst, schaust du dir von dort aus den Sonnenuntergang an." Am Ende des Stegs bückte ich mich nach vorn und blickte ins Wasser. Wahrscheinlich war es Monate her, seit ich mein Gesicht zum letzten Mal betrachtet hatte. Mein Turban, mein Bart und mein blasses Gesicht trotzten den sanften Wellen auf dem Wasser. Ich fragte mich, ob der See mein Spiegelbild je wieder freigeben würde.

Plötzlich erschrak ich, weil hinter mir eine Stimme ertönte: „He, Derwisch! Bist du der Reisende aus Konya?", richtete sie das Wort an mich. Ich drehte mich um und erblickte einen Mann, den ich noch nie gesehen hatte. Er war ungefähr so groß wie ich, nur ein bisschen kräftiger. Etwas überrascht antwortete ich ihm: „Ja, ich bin ein Koch aus Konya. Ich heiße Ömer." Da lächelte mir mein Gegenüber freundlich zu und sagte: „Ich heiße Çelebi und arbeite in der Küche. Komm, wir gehen zusammen etwas essen, dann erzähle ich dir etwas über diesen Ort."

Wie hätte ich zu dem Zeitpunkt ahnen können, dass Çelebi schnell zu meinem engsten Freund im Palast werden sollte.

Wir betraten den Speisesaal. Was für ein Spektakel! Freudenschreie und Gelächter erfüllten den Raum. Offenbar unterhielt man sich bestens. Das Einzige, was in dieser Menschenmenge störte, war meine auffällige Stille.

„An den Lärm wirst du dich gewöhnen müssen", empfahl Çelebi mir und rief einem der Kellner zu: „Bring uns etwas zu essen!" Wenige Minuten später wurden Teller, Krug und Holzlöffel vor uns auf den Tisch gestellt. Als Çelebi dann auch noch nach Gerstenbrot fragte, fragte ich ihn staunend: „Ist das alles etwa nur für uns?" „Das hier ist kein Dergah, sondern ein Palast. In unserer Küche werden täglich 30 Schafe geschlachtet. Was unser Sultan Alaeddin Keykubad isst, essen auch wir. Gott möge ihn beschützen!" Während er mit mir sprach, kaute er auf den Häppchen herum, die er sich nacheinander in den Mund warf.

Im Dergah aßen wir nur freitags Fleisch, und das Menü war eher eintönig. Dafür waren die Regeln bei Tisch umso strenger. Fast glaubte ich, nicht in einem Palast, sondern in der Hölle gelandet zu sein.

Çelebi redete weiter ohne Punkt und Komma: „Du wirst dich schon daran gewöhnen, auch an den Arbeitsrhythmus. Hier bleibt kaum Zeit zum Nachdenken. Schon nächste Woche beehrt uns unsere Hoheit. Dann wird der Palast mit einem Eröffnungsfestmahl eingeweiht. Und wenig später beginnt der Fastenmonat Ramadan. Du musst wissen, dass es hier immer sehr viel zu tun gibt. Vergeude also deine Energie nicht unnötig, indem du dir den Kopf zerbrichst. Du hast ja noch keinen Löffel gegessen. Fang an, Omür, sonst bleibt nichts für dich übrig!"

Würde ich mich mit diesem Chaos wirklich arrangieren können? Nach dem Essen sagte Çelebi zu mir: „Ich werde einem Laufburschen Bescheid sagen. Er wird dich morgen früh zu mir bringen, dann beginnen wir gemeinsam mit der Arbeit. Ich gehe jetzt nach Hause." „Nach Hause?", fragte ich ihn erstaunt. „Ja, nach Hause. Ich wohne unten im Ort, nicht hier im Palast." Er verabschiedete sich von mir, und nach allen Seiten hin grüßend bahnte er sich einen Weg durch die Menge.

In meinem Zimmer fiel mir der Zettel in meiner Hosentasche wieder ein. Er brachte mich auf den Gedanken, noch ein wenig zu lesen und dann früh schlafen zu gehen. Ich entzündete die beiden Öllampen, setzte mich aufs Bett und geriet erneut ins Staunen. Meine Bettdecke und mein Kissen waren ganz aus Wolle. Ab jetzt würde ich wirklich in einem Palast schlafen! Über mein Buch schlief ich ein und versank schnell in meinen Träumen.

Schale aus der Seldschukenära,
13. Jahrhundert

DIE ERSTEN TAGE

Schnell steckten wir in der Küche bis über beide Ohren in Arbeit, und seit gestern hatten wir buchstäblich keine freie Minute mehr gehabt. Mittlerweile hatte Sultan Keykubad seinen neuen Palast bezogen. Morgen sollte das Eröffnungsfestmahl stattfinden. Die ganze Stadt Beyşehir war dazu geladen, und sogar die vornehmen Leute von Konya. Ich redete mir ein, dass ich mich schon gut eingewöhnt hatte, konnte mir aber vor Erschöpfung kaum zuhören. Im Grunde genommen bezweifelte ich es, und vielleicht war das auch besser so. Çelebi war ein guter Mensch, auch wenn ich mir da anfangs nicht ganz sicher gewesen war. Wie schön, dass er im Palast arbeitete, und wie schön, dass wir Freunde geworden waren.

Gestern hatte der Oberküchenmeister uns die Speisekarte für das Festmahl gebracht. Sie umfasste folgende Gerichte und Getränke:

Granatapfelsaft (*Nardenk şerbeti*)

Zitronensaft mit Honig (*Limonlu bal şerbeti*)

Schnee-Sorbet (*Kar şerbeti*)

Stutenmilch (*Kımız*)

Lebersuppe (*Ciğer çorbası*)

Pfefferreis (*Biberli pilav*)

Gedünstetes Lamm (*Biryan*)

Gegrilltes Lamm (*Ateşte kuzu*)

Gebackenes Huhn (*Söğülme tavuk*)

Rebhuhn am Spieß (*Şişte keklik ya da bıldırcın*)

Pistazien-Halwa (*Fıstıklı helva*)

Mehl-Halwa (*Un helvası*)

Gries-Halwa (*Memnuniye*)

Gerollte Honigteigfäden (*Yassı kadayıf*)

Neben dem Oberküchenmeister, der über allen anderen stand, hatte jeder von uns noch einen weiteren Vorgesetzten. So gab es zum Beispiel einen Halwameister, einen Saftmeister oder auch einen Reismeister, die uns beibrachten, wie Halwa, Saft oder Reis richtig zubereitet wurden.

Çelebi und ich arbeiteten unter den wachsamen Augen des Oberhalwameisters. Ich war für das *Memnuniye* verantwortlich, Çelebi für das Mehl-Halwa. Heute waren die Zutaten an der Reihe, morgen würden wir sie braten - in Pfannen, deren Durchmesser so groß war wie ein erwachsener Mann.

Wenn Festmahle anstanden, wurde ein Teil der Küchenaktivitäten kurzerhand in den Garten ausgelagert. Zum Beispiel schmorte das Fleisch auf einem offenen Feuer, das in der Nacht zuvor entfacht worden war. Wer den Palasthof betrat, wurde sofort in die verlockendsten Düfte gehüllt. Wegen all der herumstehenden Teller, Töpfe und Holztische sah es an diesen Tagen außerdem nicht nur in der Küche aus wie in der Küche.

Der Sultan speiste mit seinen Gästen am liebsten auf der Terrasse. Dort wurde ihnen das Essen auf Tellern aus Gold und aus Porzellan serviert. Überhaupt bewunderte ich die Keramiken des Kubad Abad Palasts. In ihnen haben sich die berühmtesten Künstler unserer Zeit verewigt. Die Farben der Wandfliesen sind ohne Zweifel von den Farben des Sees inspiriert. Fast scheint es so, als würde sich das Wasser in den Fliesen widerspiegeln. Auf den Fliesen sind Fische, Vögel und Bäume in den unterschiedlichen Formen abgebildet. Sie laden zum Verweilen ein. Manchmal blieb ich einfach so vor einer Wand stehen, nur um sie zu betrachten. Die Fantasie der Künstler imponierte mir gewaltig. Besonders schön aber fand ich die Porzellanteller, -gefäße und -krüge, die wir auf die Tafel des Sultans stellten. Sie verliehen dem Tisch ein farbenfrohes Gesicht. Vielleicht wäre ich ja Fliesenkünstler geworden, wenn ich mich nicht für das Kochen entschieden hätte.

„Du träumst ja schon wieder Derwisch! Bist du mit deinen Gedanken etwa immer noch im Dergah?“, holte mich Çelebi in die Realität zurück.

„Nein, Çelebi, nein!“, erwiderte ich. „Ich wundere mich nur darüber, wie sich mein friedliches Dasein in solch ein Chaos verwandeln konnte, und frage mich, wie ich mich an all die Arbeit gewöhnen soll. In was für eine Welt bin ich hier hinein geraten? Im Dergah war mein Leben eher beschaulich, die Zeit stand praktisch still. Doch schon jetzt kann ich mich kaum mehr daran erinnern, und das macht mir Angst.“

„Deine Ängste sind unbegründet. Was soll so schlimm daran sein, das Leben in vollen Zügen zu leben? Nun gräm dich nicht!“

Offenbar hatte ich meinen Freund gekränkt, und das stimmte mich traurig. „Nimm es mir nicht übel. So war das nicht gemeint!“, entschuldigte ich mich.

„Es ist schon spät. Wenn du mit der Arbeit fertig bist, geh und ruh dich aus. Wir treffen uns morgen früh in der Küche.“

Schleppenden Schrittes zog ich mich in mein Zimmer zurück. Seitdem ich hier war, war ich mit meiner Buchlektüre kein bisschen weitergekommen. Ich holte sie hervor, überlegte es mir dann aber anders. Ich legte sie mir unter das Kopfkissen, löschte das Öllämpchen und ging zu Bett.

Am nächsten Morgen war ich schon früh in der Küche. Die Zubereitung des Fleischs war abgeschlossen, nun kamen unsere Halwa-Pfannen an die Reihe. Mit Grieß und Kochbutter bewaffnet, stellte ich mich vor mein Halwa und rührte und rührte - bis zum späten Abend, als mir fast die Arme abfielen. Çelebi erging es genauso. Von dem großen Festmahl morgen sollten wir daher nicht viel mitbekommen. Aber wurden wir für unsere Bemühungen Anstrengungen mit einem freien Tag belohnt.

Da ich nicht recht wusste, wie ich diese unverhoffte Mußezeit nutzen sollte, machte Çelebi mir einen Vorschlag: „Komm doch morgen hinunter zu mir in den Ort. Dann können wir zusammen über den Basar spazieren und etwas essen.“ „Wir sollen spazieren gehen?“, fragte ich skeptisch. „Jetzt bist du schon so lange hier und hast immer noch nicht den Ort gesehen. Das wird bestimmt spannend“, antwortete er und ließ mir keine Wahl: „Wir treffen uns vor dem Frühstück auf dem Basar!“ Auf meine Frage, wie ich denn dorthin fände, lachte er und erwiderte: „Der große Platz in der Mitte. Er ist gar nicht zu übersehen.“ Nun denn, morgen früh bei Tagesanbruch!

An dem besagten Morgen erwachte ich vor allen anderen und ging leise hinunter zum Seeufer. In den vergangenen Tagen hatte ich nie wieder die Ruhe gefunden, ihn aus nächster Nähe in Augenschein zu nehmen. Ich kam an einer Anlegestelle für Boote und einigen kleineren Geschäften vorbei, und kurz darauf stand ich auf dem Marktplatz. Die Stände waren längst aufgebaut. Sie waren farbenfroh gestaltet und reich bestückt. Am besten jedoch gefielen mir die Restaurants auf Rädern mit Obst und Gemüse auf der einen und warmen Gerichten auf der anderen Seite. Während ich mir die Stände noch ein wenig verträumt anschaute, registrierte ich, dass Çelebi auf mich zukam. „Jetzt weißt du, warum ich darauf bestanden habe, dass wir uns mit nüchternem Magen treffen“, begrüßte er mich.

„Was empfiehlst du mir denn?“ „Hier werden die köstlichsten Fleischsuppen serviert: *Kelle* und *Paça*. *Herise* gibt es leider so früh am Morgen noch nicht; auch *Tirit* (Brotgericht) nicht, das aus der Brühe von *Kelle* und *Paça* gemacht wird. Also, morgens empfehle ich dir *Kelle* und *Paça*, abends *Herise* und *Tirit*.“

„Wenn das so ist, lass uns *Paça* essen.“

Wir gingen zu einem der Restaurants auf Rädern, und Çelebi sagte zu dem Koch: „Ramazan, wir hätten gern zwei Portionen *Paça*.“

Ramazan füllte uns zwei Kupferschalen, reichte uns dazu zwei Brotstücke und wünschte uns einen guten Appetit.

Çelebi holte eine Münze aus der Tasche und gab sie dem Suppenverkäufer. Dann reichte er mir einen Geldbeutel: „Bitte, der gehört dir!"

Als ich ihn verblüfft anschaute, fügte er hinzu: „Wir sind hier nicht im Dergah, sondern im Palast. Hast du das etwa vergessen, Ömer?"

Nach dem Essen schauten wir uns weitere Stände an. Der Basar war zwar nicht besonders groß, aber es gab dort alles, was man für den Alltag benötigte: Öl, Honig, Reis, Feigen, Wasser, Butter, Essig, Zucker, Halwa, Besen, Ton, Krüge, Körbe, Messer und vieles mehr.

Nach dem Rundgang über den Markt gingen wir zum Seeufer zurück. Vor uns, auf einer Insel in der Mitte des Sees, ragte die Burg auf. „Gehört sie zum Palast?", fragte ich Çelebi. „Ja, die Burg gehört zum Palast und wurde zu dessen Schutz gebaut. Es soll sogar ein Geheimgang vom Palast zur Burg führen." „Wirklich?", fragte ich beeindruckt.

Ein Gang, der unter dem Wasser hindurch führte. Was man nicht alles tat, um sich vor Angriffen zu schützen. Wieder musste ich unwillkürlich an meinen Dergah in Konya denken. Obwohl mitten in der Stadt gelegen, standen seine Tore jedem weit offen. Dort hatte man keinerlei Vorkehrungen getroffen, um sich vor Angriffen zu schützen. Wer den Dergah betrat, spürte sofort, dass er ein erhabener, spiritueller Ort war. Verschlossen waren dort einzig und allein die Tore der Bosheit. „Möge Gott die Tore der Bosheit verschließen", murmelte ich schließlich.

„Amen", bekräftigte Çelebi und fuhr fort: „Es wird langsam Mittag. Komm, ich lade dich ein zu mir nach Hause. Ich bekomme schon wieder Hunger." „Gern. Ist es denn weit von hier?", fragte ich. „Nein, hinter dem Marktplatz mit dem Basar ist noch ein kleinerer Platz. Direkt dort."

Wir kehrten zum Basar zurück und überquerten ihn. Eine neue Duftnote lag in der Luft: Offensichtlich wurde inzwischen auch *Herise* gekocht. Auf dem kleineren Platz am anderen Ende des Basars stand ein Brunnen, flankiert von fünf oder sechs Ladenlokalen, in denen Backwaren, Zucker und Stoffe verkauft wurden. Besonders der Süßwarenladen fesselte meine Aufmerksamkeit. „Komm Çelebi!", sagte ich und zog ihn mit mir hinein.

In Glasgefäßen wurden dort Kandiszucker und Konfekt (*Nöbet şekeri* und *Akide şekeri*) angeboten, außerdem Halwa mit Mandeln und Wallnüssen. Daneben waren ganze Berge von jenem Rohrzucker aufgeschichtet, den wir auch für die Herstellung unserer Süßspeisen im Palast verwendeten.

„Kannst du mir dafür einige Süßigkeiten einpacken?", fragte ich den Verkäufer und hielt ihm meinen Geldbeutel hin. Aber sofort mischte Çelebi sich ein und belehrte mich spöttisch: „Meine Güte, Derwisch! Du hast ja wirklich keinen blassen Schimmer. Mit dem Geld in diesem Beutel könnten wir selbst einen ganzen Süßwarenladen aufmachen."

Und wie recht er hatte! Im Dergah wurden wir zwar auf den Basar geschickt, aber das Bezahlen gehörte nicht zu unseren Aufgaben. Die Verkäufer rechneten ihre Ware direkt mit dem Dergah ab. Deshalb kannten wir Kochgesellen uns mit den Preisen nicht aus.

„Frag ihn erst, wie viel es kostet, bevor du ihm Geld gibst", empfahl Çelebi mir dringend.

Der Verkäufer packte mir die Süßspeisen ein, ich kramte die passende Münze hervor und wir verließen den Laden.

„Jetzt holen wir uns noch Brot vom Bäcker", schlug Çelebi vor. Gesagt, getan. Mit 10 Fladenbroten (*Girde ekmeği*) machten wir uns auf den Weg zum Haus von Çelebis Familie.

Es waren nur ein paar Schritte, dann schob er eine Holztür auf, und wir betraten einen von Weintrauben überrankten und von einigen kleinen Zimmern eingerahmten Innenhof.

„Wir sind da! Ihr könnt den Tisch decken!", rief Çelebi und meldete uns an.

Das Wohn- und Esszimmer befand sich gegenüber der Eingangstür. Es war mit Sitzkissen ausgelegt. An der Seite stand ein flaches Holztischchen. Çelebi zog es zu uns heran.

Unweigerlich musste ich an meine eigene Familie denken. Wann hatten wir zum letzten Mal gemeinsam gegessen? Ich konnte mich nicht erinnern. Was für ein Glückspilz Çelebi war! Er konnte jeden Abend mit seiner Familie zusammen am Tisch sitzen - eine Erfahrung, die ich fast vergessen hatte, die mir nun aber ins Bewusstsein zurückgespült wurde. Nach einer Weile öffnete sich die Tür, und ein Kupfertablett wurde hereingetragen. Von wem, konnte ich zunächst nicht erkennen. Aber als die Person das Tablett abstellte, konnte ich nicht anders, als zu ihr aufzuschauen. Einen Moment lang trafen sich unsere Blicke, und da geschah es: Als ich auf meiner Reise nach Beyşehir den See zum ersten Mal gesehen hatte, hatte ich plötzlich den Eindruck gehabt, dass die Zeit stehenblieb. Nun setzte sie sich urplötzlich wieder in Bewegung.

„Das ist meine Schwester, Mahperi“, stellte Çelebi mir das Mädchen vor.

Diese Augen, grüner als der tiefste See! Dieser Frühling, der aus ihren Wimpern spricht! Ihre Erscheinung versetzte mich in einen mir völlig unbekannten Zustand. Doch leider hatte Mahperi das Zimmer schon wieder verlassen.

„Komm, lass uns anfangen, sonst wird es kalt!“, forderte Çelebi mich auf. Aber irgendetwas hatte mich aus dieser Welt hinaus katapultiert. Es kam mir vor, als hätte jemand mein Herz zusammengepresst und dann wieder losgelassen. Alles verlor seine Bedeutung. Ich bekam gar nicht mehr mit, was ich aß. „Schau, meine Mutter hat Linsen und *Borani* (Kräuterjoghurt mit Knoblauch) für dich gekocht“, sagte Çelebi. Verwirrt antwortete ich: „Gott segne ihre Hände!“ Doch mein einziger Gedanke in dem Moment war: Nichts wie weg von hier!

WELCHE LIEBE?

Nach dem Essen verabschiedete ich mich so schnell wie möglich von Çelebi und lief planlos durch die Gassen. Ich war völlig durcheinander. Ich hatte das Gefühl, als hätten mir Mahperis Augen die Nachricht vom Untergang meiner bisherigen Welt überbracht. Jedenfalls spürte ich auf schmerzliche Weise, wie sie aus den Fugen geriet. Ein einziger kurzer Blick und so eine beunruhigende Wirkung! Fragen über Fragen tauchten vor meinem inneren Auge auf, und zu keiner einzigen wusste ich die Antwort: War ich in Gestalt von Çelebis Schwester der Liebe begegnet? Und falls ja, was zeichnete diese Liebe dann gegenüber der Liebe aus, die ich im Dergah kennengelernt hatte, die Liebe zu Gott? Welche dieser beiden Arten von Liebe war die wahre Liebe? Hatte das Schicksal meinen Weg vom Dergah in das Haus von Çelebi vorgezeichnet? War ich deshalb ausgewählt und in den Palast geschickt worden? Und wie würde es nun weitergehen?

Über den gepflasterten Hof irrlichterte ich in mein Zimmer. Im Bett überkam mich Schüttelfrost. Ich fiel in einen unruhigen Schlaf, in dem wirres Zeug redete und Alpträume hatte. Dieser eine Blick hatte mein Leben von einer Sekunde auf die andere auf den Kopf gestellt. Müsste ich nun Angst haben, wenn ich Mahperi noch einmal begegnete und sie mich anspräche? Würde ich vielleicht sogar sterben? Oder war die Liebe etwas Schönes? Schließlich würde man sie uns doch wohl nicht als so erstrebenswert darstellen, wenn sie etwas Schlechtes wäre. Ich musste zur Ruhe kommen.

Irgendwann sprang die Tür auf, und ich schreckte schweißgebadet aus meinen Fieberträumen hoch. Im Türrahmen stand Çelebi. Ich konnte ihm nicht ins Gesicht schauen.

„Derwisch? Was ist denn los mit dir?“, fragte er mich besorgt.

Ich war außerstande, ihm zu antworten.

„Komm erst mal zu dir. Ich werde dir einen Teller Suppe bringen“, sagte er. Seine Anwesenheit bereitete mir Unbehagen. Trotzdem zwang ich mich, die Suppe herunterzuwürgen. Bevor er mich wieder allein ließ, füllte er mir noch meinen Wasserkrug auf und verabschiedete mich mit den Worten: „Leg dich wieder schlafen! Ich sage dem Meister Bescheid und komme später noch einmal vorbei.“

Ich brannte vor Liebe. Das ganze Wasser des Sees hätte nicht ausgereicht, diesen Brand zu löschen. Einerseits verfluchte ich meine Begegnung mit

Wandfliese aus dem Hamam des Kubad Abad Palasts,
13. Jahrhundert

Mahperi, andererseits wusste ich, dass ich sie so schnell wie möglich wiedersehen musste. Daran gab es keinen Zweifel. Doch blieb mir wohl keine andere Wahl, als Çelebi einzuweihen. Oder gab es noch einen anderen Weg?

Am Abend klopfte Çelebi wieder an der Tür. Noch immer brannte ich lichterloh. Deshalb kochte er mir eine Brühe aus Kräutern, die er mitgebracht hatte, und überredete mich, sie zu trinken. Erneut versank ich ins Reich der Träume. Irgendwann lief Mahperi vor meinen Augen über das Wasser des Sees zur Burg auf der Insel. „Komm zu mir auf die andere Seite des Sees!“, rief sie mir zu. Aber in dem Moment, als ich den ersten Schritt auf sie zu machen wollte, wachte ich auf.

Ich wusste nicht, wie viel Zeit vergangen sein mochte, aber es war Morgen, und das Fieber hatte sich gelegt. Als ich mich aus dem Bett quälen wollte, merkte ich, dass mir die nötige Energie fehlte. Also holte ich stattdessen mein unter dem Kissen verstautes Buch hervor, schlug sie wahllos auf und begann zu lesen:

> Liebe ist,
>
> im Diesseits und im Jenseits zu brennen.
>
> Zu lieben, ist
>
> genauso einfach und genauso schwer, wie die Brücke ins Paradies zu überqueren.
>
> Liebe ist
>
> eine Krankheit, von der du nicht wieder genesen möchtest.
>
> Hast du sie einmal im Blut,
>
> wird sie zu deiner Vergangenheit und Zukunft, zu deinem Schlaf und zu deinen Träumen.

Waren diese Zeilen vielleicht eigens für mich bestimmt? Mit großer Kraftanstrengung gelang es mir, mich zu erheben und das Zimmer zu verlassen. War das alles wirklich erst gestern passiert? Oder hatte ich mehrere Tage darnieder gelegen? Vom wohlvertrauten Trubel im Palast war noch nichts zu hören. Die Stille im Hof tat mir gut. Nach kurzer Zeit entschloss ich mich, zur Küche hinüber zu gehen. Dort würden die Gesellen gerade damit beschäftigt sein, die Suppen für das Frühstück zuzubereiten. Ich stellte mich zu einem von ihnen und schöpfte aus dem Kessel vor ihm einen Teller Suppe. Ich hatte einen wahren Bärenhunger.

Bald darauf kamen die Köche herein, und mit ihnen auch Çelebi und der Oberküchenmeister.

Miniatur einer seldschukischen Galeone mit Verzierungen

Letzterer baute sich direkt vor mir auf und sagte: „Derwisch, du wirst heute das Abendessen für den Sultan kochen!“

„Ich?“, fragte ich verdattert.

„Ja, du. Der Sultan verlangt, dass ihm der Derwisch ein Essen kocht.“

„Und was genau soll ich kochen?“, fragte ich.

„Was fragst du mich das? Du bist der Koch, Derwisch. Hast du das etwa vergessen?“

Mit diesen Worten ließ er mich stehen.

Ich war ratlos. Und das ausgerechnet heute. Çelebi hatte zwar mitbekommen, dass der Oberküchenmeister mit mir gesprochen hatte, wusste aber offenbar nicht, worum es dabei gegangen war: „Was wollte er von dir?“, fragte er mich neugierig.

Niedergeschlagen setzte ich ihn ins Bild: „Ich muss heute Abend die Tafel des Sultans herrichten, habe aber nicht die geringste Ahnung, was ich ihm servieren soll.“

„Mach dir keine Sorgen“, beruhigte er mich, „ich werde dir dabei helfen. Komm, gehen wir erst einmal in die Vorratskammer und schauen, was wir dort finden.“

Und wie wir dort fündig wurden! Wir einigten uns auf gesalzene Fadennudeln in Joghurtsoße (*Tuzlu yoğurtlu şehriye*), Hähnchen-Kebab (*Tavuk kebabı*), Reis mit gebratenem Fleisch (*Kalya-ı birinci*) und Aubergine in Essig (*Sirkeli patlıcan salatası*), dazu eingelegte Rüben (*Şalgam turşusu*). Letztere hatte ich zwar nicht eigenhändig eingelegt, dafür schmeckten sie mir aber vorzüglich.

Die Palastküche war ziemlich geräumig. Über jedem der vielen Öfen, in denen manchmal Holz und manchmal Kohle brannte, hing ein Schacht aus Holz, über den die Dünste abziehen konnten. Dazu gab es reichlich Arbeitsflächen aus Holz und Stein, Schränke mit Drahtnetzen davor, Holzregale,

Einmachgefäße und Behältnisse aus Lehm in verschiedenen Größen. Diese wurden manchmal zum Kochen verwendet, aber auch zum Einlegen von Gemüse, zur Aufbewahrung von Öl, Honig und Sirup sowie zur Herstellung von Käse und Joghurt. Ein grünes Gefäß wies Verzierungen auf, an denen man sofort erkannte, dass es aus Konya stammen musste. Nur dort wurden solche Gefäße hergestellt.

Auch an Küchenutensilien herrschte kein Mangel: Schälchen, Krüge, Mörser, Kessel, Töpfe, Pfannen, Kellen, Holzlöffel, *Bişkek* (Rührbesen) für Ayran, *Babzen-* und *Sihi*-Spieße für Kebab und vieles mehr. Das alles in den unterschiedlichsten Größen und Formen, gefertigt aus Zinn, Kupfer und anderen Materialien.

Und es wimmelte nur so von Bediensteten: Chefköche und deren Helfer, Kellner, Spül- und Reinigungskräfte. Alle mit eigenen Küchenuniformen, die sie nur in der Küche tragen durften. An intensiven Tagen, wenn die Palastköche allein überfordert waren, wurden zu ihrer Unterstützung noch Köche von außerhalb engagiert: Spezialisten auf ihren jeweiligen Gebieten, beispielweise für Kebab, Brot, Sorbets, Halwa, *Herise*, Fleisch und so weiter. Auch sie bereiteten ihre Gerichte dann in der Palastküche zu, und wir schauten ihnen dabei über die Schulter. An diesen Tagen lernten wir besonders viel.

Der Tag verstrich wie im Fluge, und das Abendessen nahte. Während ich das Fleisch zerhackte, versuchte ich, meine Gedanken zu ordnen.

„Du bist heute so ruhig", merkte Çelebi an.

„Mir ist immer noch ein bisschen schlecht", gab ich zurück. In Wirklichkeit konnte ich ihm immer noch nicht wieder ins Gesicht schauen. Das Abendessen hatte mich zwar ein bisschen abgelenkt. Aber ich würde einige Tage Abstand brauchen. Was hatte mein Meister damals noch gesagt: „Wasser mag einige Tage lang in die falsche Richtung fließen, aber mit Gottes Segen wird es doch irgendwann wieder in sein Becken zurückkehren."

Während ich den Reis wusch und in Wasser einlegte, begann Çelebi, das Fleisch anzubraten. Das Huhn, das ich schon mittags in Essig mariniert hatte, ruhte nun lang genug. Ich zündete den Holzofen an, um es hineinzustellen.

Da kam einer der Vertrauten des Oberküchenmeisters herein und erkundigte sich nach unseren Fortschritten. „Noch vor dem Ruf zum Abendgebet wird alles fertig sein", versicherte ich ihm.

In einem Nebenraum der Küche wurden hunderte von Keramiktellern aufbewahrt, einer schöner als der andere. Als ich einige passende auswählen wollte, fiel mein Blick auf einen, der mir sofort besonders gut gefiel. Er stellte die Farbe des Sees, dessen Fische und Pflanzen besonders schön dar. Ich hatte ihn noch nie gesehen und fand ihn bezaubernd. Alle anderen Teller waren in mehrfacher Ausführung vertreten, nur von ihm fand sich nur ein einziges Exemplar. Auf diesem Teller würde ich das Hauptgericht servieren. Bei den übrigen Tellern war ich nicht so wählerisch.

„Den Reis mit dem gebratenen Fleisch werde ich auf diesem Teller hier auftragen", setzte ich Çelebi in Kenntnis.

„Gut, aber was ist daran so besonders?"

„Es gibt nur einen einzigen von seiner Art", erwiderte ich. Aber für Çelebi spielte der Teller offenbar keine große Rolle.

Wir waren gerade dabei, die Teller mit dem fertigen Essen auf das Kupfertablett zu stellen, als mich ein Bediensteter des Sultans zu sich rief und mich aufforderte, ihm zu folgen. Wenn dem Sultan dein Essen schmeckt, wird er dir einen Beutel voll Gold geben."

Gold hatte für mich keinerlei Bedeutung, trotzdem ging ich neugierig mit ihm mit. Zum ersten Mal durfte ich die oberen Stockwerke des Palasts betreten. Von der Küche aus ging es über eine Terrasse und von dort über eine seitliche Treppe zu den Gemächern des Sultans. Vor der Tür zu einem großen Saal angekommen, sagte der Mann zu mir: „Warte hier!"

Er informierte den Oberküchenmeister über meine Ankunft, der nach den kleinen Tellern verlangte, die ich eigens zu diesem Zweck vorbereitet hatte. Denn das Essen musste vorgekostet werden, so wie alle Speisen des Sultans.

Der Oberküchenmeister war gleichzeitig auch der Vorkoster des Sultans. Er entschied zum einen darüber, ob das Essen dem Sultan geschmacklich zugemutet werden konnte. Außerdem prüfte er, ob es vielleicht vergiftet war. Denn in der Vergangenheit waren schon einige Sultane Opfer von Vergiftungen geworden. Meine Anspannung stieg. Aber nach kurzer Zeit kam er zurück und gab grünes Licht: „Das Tablett kann jetzt hinein gebracht werden."

Ich selbst musste weiter vor der Tür warten, und in diesen Augenblicken der Ruhe wurde ich von Schuldgefühlen übermannt: Plötzlich war ich davon überzeugt, den irdischen Dingen zu viel Aufmerksamkeit zu schenken. Allem Anschein nach entfernte ich mich damit zunehmend von der Grundhaltung, die ich mir während meiner Ausbildung im Dergah angeeignet hatte.

„Was würden meine Freunde aus dem Dergah wohl sagen, wenn sie mich jetzt hier erleben würden?", fragte ich mich. Ich klammerte mich an meinen Gürtel und errötete.

Plötzlich dachte ich an den Oberküchenmeister. Dieser Mann war bereit, sein Leben zu opfern, damit dem Sultan nichts zustieß. Er musste für den Sultan wohl ziemlich kostbar sein - oder aber absolut verzichtbar. Frei nach der Devise: „Stirb lieber du, bevor es mich trifft!" In der Vergangenheit war es jedoch auch schon vorgekommen, dass Oberküchenmeister ihren Sultan hintergangen und ihrerseits gesagt hatten: „Stirb lieber du, bevor es mich trifft!" Mehr als einer von ihnen war hingerichtet worden. Zweifellos hatten sie eine schwierige Aufgabe, für die sie sich aber auch frei entschieden hatten. Offenbar stellte es sie nicht zufrieden, einfach nur in der Küche zu kochen.

Als der Oberküchenmeister endlich zurückkam, sagte er zu mir: „Der Sultan lässt ausrichten, dass der Teller dein Essen in den Schatten stellt."

Ich erbleichte, kehrte ihm den Rücken und lief so schnell ich konnte in die Küche zurück. Der Teller stellt mein Essen in den Schatten? Der Teller gefällt ihm, mein Essen aber nicht? „Danke für dieses Gericht, das mir vorzüglich geschmeckt hat und obendrein nicht vergiftet war." - Das wäre der richtige Kommentar gewesen.

Çelebi fragte mich neugierig: „Und, wie ist es gelaufen, Ömer?"

„Der Teller stellt mein Essen in den Schatten", sagte ich.

„Wie das?"

„Was glaubst du wohl? Dem Sultan hat mein Essen nicht geschmeckt."

„Der Sultan ist sehr anspruchsvoll. Das war doch dein erstes Mal. Beruhige dich! Du hast noch so viel Zeit. Bestimmt wirst du eine weitere Chance erhalten."

Kurze Zeit später brachte der Bedienstete des Sultans das Geschirr in die Spülküche. Als der grüne Teller gespült war, steckte ich ihn mir unter mein Gewand, um ihn mit auf mein Zimmer zu nehmen; es war inzwischen dunkel geworden, und ich hatte meine Arbeit für heute beendet. Auf dem Weg dorthin änderte ich meine Meinung aber und ging zum Holzsteg am See hinunter. Dieser Teller hatte alles zerstört. Vielleicht würde ich wegen ihm von hier weggeschickt werden. Wie würde ich Mahperi dann jemals wiedersehen können? Ich schleuderte ihn in den See.

„Wenn du nicht aufpasst, wirst du in dieser irdischen Welt untergehen, Ömer", sagte mir meine innere Stimme. Mit einem Gefühl von großer Leere kehrte ich auf mein Zimmer zurück.

Teller mit Adlerdarstellung aus der Seldschukenära,
13. Jahrhundert

MAHPERI

Mahperi war eine Halbwaise. Ihre Mutter Mihri hatte sie auf die Welt gebracht, als ihr Bruder Çelebi bereits acht Jahre alt war. Während der Schwangerschaft hatte sie so oft auf den See hinaus geschaut, dass Mahperi ihn nun in ihren grünen Augen trug.

Das Mädchen hatte ihren Vater nie kennenlernen dürfen. Ihre ganze Liebe galt ihrer Mutter und ihrem Bruder, und ihre ganze Welt bestand aus diesem kleinen Provinzstädtchen, dem See, seinen Ufern und den Bergen ringsum.

Die Drei waren ganz auf sich allein gestellt. Ihre Vorfahren waren hierher eingewandert und hatten sich in verschiedenen Landesteilen niedergelassen. Mit dem Tod ihres Vaters hatten Mihri, Mahperi und Çelebi Beyşehir als ihre Heimat akzeptiert.

Mahperis Mutter war eine fleißige Frau. Früher hatte sie sich auf den Weizenfeldern abgemüht. Jetzt arbeitete sie in der Mühle und siebte das Mehl. Morgens verließ sie das Haus mit den ersten Sonnenstrahlen, und erst kurz vor Einbruch der Dunkelheit kehrte sie wieder heim. Doch sie beschwerte sich niemals über ihr Los, ebenso wenig wie ihre Kinder. Sie erzählte ihnen, was sie von der Welt wusste, und ließ sie von einem Hodscha unterrichten. Wenn Çelebi jetzt im Palast kochen durfte, dann hatte er das vor allem ihr zu verdanken.

Wandfliese aus dem Hamam des Kubad Abad Palasts,
13. Jahrhundert

DIE TAGE VERSTREICHEN

Ich machte mir nichts daraus, die Tage zu zählen. Für mich gab es nur vorgestern, gestern und heute. Für alle übrigen Tage hatte ich keine Bezeichnung. Viele von ihnen waren vergangen, seit ich im Palast angekommen war. Entweder war mittlerweile ein bisschen Ruhe eingekehrt, oder ich hatte mich an die Hektik gewöhnt und es kam mir deshalb so ruhig vor.

Mahperi sah ich nur noch in meinen Träumen, mein Buch blieb unangerührt unter dem Kissen verstaut, und der grüne Teller lag auf dem Grund des Sees begraben. So verstrich die Zeit.

Morgen jedoch begann der segenreiche Fastenmonat Ramadan, den der Sultan hier in seinem Sommerpalast zu verbringen gedachte. Deshalb wurden schon seit Wochen Gewürze, Obst, Essig, Öl und Honig in den Palast getragen. Die Mehldepots der Bäcker platzten beinahe aus allen Nähten. Volk und Herrscher sehnten den Monat geradezu herbei.

Morgen würden wir erstmals auch die Iftar-Tische decken, an denen der Sultan und das Volk gemeinsam Platz nahmen - eine schier unendlich lange Tafel im Palasthof. Vom Essen, das wir zubereiteten, würden alle satt werden, doch waren wir dazu angehalten, nur eine geringe Auswahl an Speisen aufzutischen. Denn das Fastenbrechen sollte keinem Festmahl gleichkommen. Die Bewohner des Palasts und die des Ortes würden die gleiche Mahlzeit zu sich nehmen: Auf dem Menüplan für morgen standen:

Tirit mit Linsen und Zucker (Brotgericht)

Weizensuppe (*Buğday çorbası*)

Datteln (*Hurma*)

Schinken (*Pastırma*)

Leber in Essig (*Sirkeli ciğer*)

Honig- und Traubensorbet (*Bal ve üzüm şerbetleri*)

In der Küche liefen die Arbeiten auf Hochtouren. Zwar beäugten mich die anderen Köche noch immer etwas kritisch, weil dem Sultan mein Essen ja anscheinend nicht geschmeckt hatte. Aber in den letzten Tagen hatte ich ein wenig von ihrem Vertrauen zurückgewinnen können. Heute sollten Çelebi, ich und mindestens zehn weitere Köche *Tirit* (Brotgericht) kochen. Dieses Gericht schmeckte nicht nur vorzüglich, sondern hatte auch den unschätzbaren Vorteil, dass es sehr günstig zuzubereiten war. Aus diesem Grunde erfreute es sich ja auch auf dem Basar großer Beliebtheit. Sein Hauptbestandteil war altes Brot.

Dass das erste Essen im Ramadan mit einem Brotgericht eröffnet wurde, war eine alte Tradition. Schon vor zehn Tagen hatte man begonnen, altes Brot dafür auf Kupferplatten zu trocknen. So würde es mehr Fleischbrühe ziehen, was dem Geschmack zugutekäme. Wir würden das Brotgericht diesmal mit Linsen und Zucker anrichten. Aber eigentlich kam es nicht darauf an, ob es süß oder eher würzig schmeckte. Entscheidend war vielmehr, dass das alte Brot auf den Tisch kam. Brot wurde als ein gesegnetes Nahrungsmittel betrachtet, das man nicht einfach wegwarf, nur weil es nicht mehr ganz frisch war.

Im Ramadan arbeiteten wir einen Großteil der Nacht in der Küche, die morgens dann geschlossen blieb und erst am Nachmittag wieder öffnete. Während wir bei Tage fasteten, hielten wir uns nur so kurz wie möglich dort auf. Sobald alle Vorbereitungen erledigt waren, verließen wir sie wieder.

Doch der Fastenmonat begann ja erst morgen. Deshalb würde ich gleich, nach dem Abendessen, die Moschee aufsuchen, um mein erstes *Terawih*-Gebet zu verrichten und den Ramadan zu begrüßen. Anschließend plante ich, auf den Marktplatz zu gehen und mir anzuschauen, welche Attraktionen man sich dort für den Fastenmonat ausgedacht hatte. Ich wollte die Festtagsatmosphäre in mich aufnehmen, auch wenn die eigentlichen Feierlichkeiten erst morgen Abend starten würden.

Im Ramadan ruhten sich die Bewohner des Ortes morgens und mittags zu Hause aus. Daher blieb zu diesen Zeiten nicht nur die Küche geschlossen, sondern auch der Basar. Die Öffnungszeit der Geschäfte verschob sich erheblich: Sie ging von unmittelbar nach dem Abendessen bis kurz vor dem Morgengebet.

Als ich nach dem *Terawih*-Gebet auf dem Marktplatz eintraf, fühlte ich mich dort sofort sehr wohl. Mittlerweile hatte ich schon viele neue Bekannte, grüßend ging ich von Stand zu Stand. In Konya war das noch ganz anders gewesen. Dort hatte ich auf meinen Streifzügen durch den Basar stets darauf geachtet, mit gesenktem Kopf auf den Boden zu schauen. So manches hatte sich inzwischen verändert. Aber noch immer verspürte ich große Sehnsucht nach dem Dergah.

Im Dergah hatte das Lesen neben dem Kochen zu meinen Hauptbeschäftigungen gehört. Hier hingegen fehlte mir einfach die nötige Konzentration dafür. Abgesehen von einigen wenigen Seiten, war ich mit dem Studium meiner Texte nicht sehr weit gekommen. Das Leben zog an mir vorbei.

Der Palasthof war nachts ein einziges großes Spektakel, auch heute schon, in der Nacht vor dem ersten Fastentag. Viele, die sich dort versammelten, hielten sogar bis zum Morgengrauen durch und warteten geduldig darauf, ihre Sahur-Mahlzeit vor Beginn des Fastens am Tage einzunehmen. Die einen vertrieben sich die Zeit mit Steinchenspielen, andere bemühten sich, Wissen, das ihnen ihre Lehrer vermittelt hatten, an Interessierte weiterzugeben. Auf dem Weg zurück zu meinem Zimmer holte ich mir noch paar Datteln aus der Küche. Ich spülte sie mit einem Becher Wasser herunter und legte mich schlafen.

Als ich wach wurde, drang kein Laut von draußen in mein Zimmer, weder aus dem Palast noch aus dem Ort. „Das ist die Gelegenheit“, sagte ich mir, grub mein Buch unter dem Kissen hervor und ging zum See hinunter. Bis die Küche öffnete, hatte ich noch etwas Zeit, und die wollte ich nutzen, um ein wenig zu lesen. Dabei stieß ich auf folgende Verse:

Du kannst dich vor der Liebe nicht retten, indem du verbrennst

Die Liebe ist etwas, das in dir immer weiter

Lodert und lodert...

Lodert und lodert...

Sie füllt dich völlig aus.

Noch immer hatte ich keine Antwort auf meine Frage gefunden, welche Art von Liebe denn die wahre Liebe war. Könnte nicht vielleicht beides Liebe sein? Dagegen sprach allerdings, dass es mir so vorkam, als würde ich mich von der einen entfernen, sobald ich mich der anderen näherte.

In der Küche herrschte bereits wieder geschäftiges Treiben. Çelebi vermutete, dass ich verschlafen hatte. „Nein“, korrigierte ich ihn, „ich habe meinen Gedanken freien Lauf gelassen.“

„O je. Verrat mir bitte, wann hast du je einmal nüchtern gedacht hast, Derwisch!“

Çelebi war damit beschäftigt, Linsen aufzukochen. Also machte ich mich daran, Brot zu zerbröseln. Draußen hatte man bereits damit begonnen, die Tafel zu decken. Auf der einen Seite wurden gerade Datteln aus den arabischen Provinzen auf Schüsseln verteilt, auf der anderen Dörrfleisch in Scheiben geschnitten. Aus den Bergen war eigens Schnee herangeschafft worden, der nun in die Sorbets geschüttet wurde. Je näher das Abendessen rückte, desto größer die Hektik. Aber nachdem kurz vor dem Ruf zum Abendgebet die Suppenschalen gefüllt waren, breitete sich plötzlich eine erhabene Stille aus, die erst vom Essensappell durchbrochen wurde. Der Gebetsruf des Muezzins war vom Klirren unzähliger Löffel begleitet.

Schale aus der Seldschukenära,
13. Jahrhundert

DAS SAHUR

Den ersten Tag im Ramadan hatten wir organisatorisch ohne größere Probleme bewältigt. Wir selbst konnten unser Fasten nicht mit den Geladenen brechen, sondern mussten erst warten, bis sich der Trubel legte. Denn naturgemäß war zur Zeit des Fastenbrechens in der Küche am meisten zu tun. Anders sah es beim *Sahur* aus, das wir Köche gemeinsam begehen wollten. Zu diesem Anlass trugen wir die erforderlichen Zutaten in die Kantine bei unseren Schlafräumen. Die Gehilfen und Lehrlinge würden uns dort bekochen. Die Speisen, die beim *Sahur* auf den Tisch kamen, waren sehr vielfältig. Damit man tagsüber nicht Hunger litt, aß man reichlich Teigwaren und Reis. Fettige Speisen und stark gewürzte Gerichte hingegen vermied man.

Auch Çelebi würde bei unserem gemeinsamen *Sahur* dabei sein. Zwar hatte er uns gedrängt, hinunter in den Ort zu gehen, um dort den Festivitäten beizuwohnen, aber niemand hatte großes Interesse gezeigt. Das konnte warten, schließlich hatte der Ramadan gerade erst begonnen.

Stattdessen saßen wir nun gemütlich auf unserer Terrasse. Das Teewasser kochte, und wir erzählten uns gegenseitig unsere Lebensgeschichten: unterschiedliche Menschen, unterschiedliche Leben, unterschiedliche Helden. Jeder von uns hatte interessante Dinge zu berichten, die nur er erlebt hatte. Merkwürdigerweise hatte ich, als ich noch im Dergah lebte, immer wie selbstverständlich angenommen, dass wir alle die gleiche oder zumindest eine ähnliche Vergangenheit hatten; vielleicht deshalb, weil dort niemand auf die Idee gekommen wäre zu erzählen, woher er stammte oder was er vor seiner Zeit im Dergah gemacht hatte.

Die Teegläser waren geleert und die Steinchenspiele beendet, auch die Gespräche flauten langsam ab, als der Gehilfe Selim uns endlich zu Tisch rief: „Man schreite zur Tafel!“

Und welch Köstlichkeiten sie bereithielt:

Gefüllter Schafsdarm (*Kızarmış sımsarmak*)

Gebackene Teigblätter (*Bazlamaç*)

Zuckerbrei (*Şekerli bulamaç*)

Börek (*Çeşit çeşit börek*)

Kulice-Ringe (Kulice Simit)

Süßsaure Kaltschale (Mahiş hoşaf)

Ayran

Rosenwasser-Sorbet (Gülap şerbeti)

Anfangs hatte ich mich gefragt, ob es sich überhaupt gezieme, beim Sahur so viel zu essen. Aber in diesem Moment waren alle meine Bedenken wie weggewischt. In freudiger Erwartung nahm ich Platz, und gemeinsam sprachen wir die *Besmele*. Im Dergah hatten wir ähnliche Dinge gegessen, doch standen sie dort nicht alle zugleich auf dem Tisch. Neben dem Börek und dem Gebäck, das ich in den Ayran tunkte, schmeckte mir die Kaltschale am besten. Mit großem Appetit probierte ich von allem ein paar Happen.

Nach dem Essen erhoben wir uns, und ich begleitete Çelebi zum Morgengebet. Als er mich fragte, was wir zum Ramadanfest unternehmen sollten, war ich einigermaßen überrascht. „Der Sultan wird während der letzten Ramadantage und die Festtage über in Konya weilen. Deshalb wird man uns wahrscheinlich frei geben.“

Der Sultan besuchte also Konya. Und ich? Wann würde ich meine Stadt wohl wiedersehen? Wann den Scheich meines Dergahs, meinen Meister und meine anderen Freunde dort? Plötzlich verspürte ich brennende Sehnsucht im Herzen.

„Komm doch zu uns, und feiere mit uns!“, bot Çelebi mir an.

„Das geht nicht!“, widersprach ich ihm heftig.

„Warum denn nicht, Derwisch? Sei nicht so streng mit dir. Oder hast du eine Mutter oder einen Vater, die du besuchen willst?“

„Es geht einfach nicht, Çelebi! Bitte frag nicht weiter.“

„Es wäre doch schön, wenn wir das Fest gemeinsam im Kreise meiner Familie feiern könnten.“

„Frag nicht weiter. Einen schönen Abend noch“, wiegelte ich ab und verabschiedete mich von ihm.

Die Chance, Mahperi wiederzusehen, war natürlich nur allzu verlockend. Aber mein Herz würde die damit verbundene Anspannung nicht ertragen, da war ich mir sicher. Es war eine verzwickte Situation. Wieder stellte sich mir dieselbe Frage: Welches war die wahre Liebe? Einerseits zog es mein Herz zurück zum Dergah, andererseits drängte es mich, Mahperi zu sehen. Während ich die Liebe zum Dergah als brennende Sehnsucht wahrnahm, empfand ich die Liebe zu Mahperi wie einen Pfeil, der mein Herz durchbohrte. Offenbar hatte jede Liebe ihre eigenen Gesetze. Mit diesem Gedanken nahm ich mein Buch zur Hand und legte mich damit ins Bett.

Denk nicht, jede Liebe sei gleich!

Liebe verbrennt...

Liebe bedrückt...

Denk nicht, es gäbe nur eine Liebe.

Vergiss nicht: Die Liebe, sie ist ebenbürtig

Dem Kosmos, dem Himmelszelt und den Sternen -

Mein stilles und ruhiges Herz ist im Schlaf.

Wandfliese aus dem Hamam des Kubad Abad Palasts,
13. Jahrhundert

NEUE ERFAHRUNGEN

Tatsächlich war der Sultan gegen Ende der letzten Ramadanwoche nach Konya gereist und würde erst nach dem Fest zurückkehren. Man erzählte sich, dass er sehr angetan von seinem neuen Palast gewesen sei und aus diesem Grunde sogar zu dichten begonnen hätte. Ganze Tage und Nächte habe er auf seiner Terrasse verbracht und seinen Blick über den See schweifen lassen. Angeblich fürchtete er sich schon vor dem Winter, wenn der See unter einer Schneedecke verschwinden und für eine Weile nicht mehr sichtbar sein würde.

Die Nacht der Allmacht, die 27. Nacht des Ramadan, verbrachte ich auf einer Strohmatte allein in meinem Zimmer mit Gebeten. Dabei aß und trank ich nicht. So hätte ich es auch im Dergah gehalten. Als mir schließlich die Beine steif wurden, legte ich mich auf die Matte. Ich bedauerte, wie schnell mir das weiche Bett aus Wolle selbstverständlich geworden war.

Irgendwann hatte Çelebi mich doch noch überredet, ihn am Morgen des Ramadanfests vor der Moschee zu treffen, und ich war ziemlich aufgeregt. Heute würde ich Mahperi sehen. Was, wenn sie etwas merken würde, wenn sie meine Gedanken lesen könnte? Wie könnte ich Çelebi dann je wieder in die Augen schauen? Diese Sorge lastete auf meiner Seele, und ich befürchtete ernsthaft, dass sie mich verraten könnte.

Çelebi begrüßte mich mit einem Lächeln auf den Lippen: „Frohes Fest, Derwisch!" „Möge Gott Çelebi immer lächeln lassen!", sagte ich in Gedanken zu mir, ohne es auszusprechen.

„Auch dir ein gesegnetes Fest, mein Freund", sagte ich stattdessen, und wir umarmten uns. Wie viel mir doch seine Freundschaft bedeutete!

„Nach dem Gebet frühstücken wir bei uns, und dann schauen wir uns ein bisschen um", schlug Çelebi vor.

„Klar, das machen wir. Aber ich würde ungern mit leeren Händen zu euch kommen. Es wäre schön, wenn wir zuvor noch ein paar kleine Geschenke besorgen könnten."

„Das brauchst du doch nicht, Derwisch."

„Warum denn nicht? Was soll ich denn sonst mit den ganzen Münzen anfangen? Ich finde keinen Gefallen daran, sie mit mir herumzutragen."

„Na gut, darüber können wir uns später noch den Kopf zerbrechen", sagte Çelebi und schob mich sanft in Richtung Moschee.

Wir verrichteten das Gebet, und kurze Zeit später standen wir vor Çelebis Haus. Wieder öffnete er die Holztür, wieder führte er mich ins Esszimmer. Diesmal aber stand das Essen bereits auf dem Tisch: Brot und Gebäck, außerdem zwei noch dampfende Teller Fleischsuppe. Von Mahperi hingegen keine Spur. Meine Aufregung wich Verunsicherung. Wusste sie etwa Bescheid? Das war das Letzte, was ich wollte.

In meiner Ungewissheit brach mir der Schweiß aus, als plötzlich die Tür aufging.

„Das ist meine Mutter Mihri" stellte Çelebi sie mir vor.

Ich erhob mich, begrüßte sie, verbeugte mich vor ihr und sagte: „Ich wünsche Ihnen ein frohes Fest. Wie kann ich Ihnen nur dafür danken, dass Sie Ihr Essen mit mir teilen?"

„Vielen Dank, mein Sohn. Auch dir ein frohes Fest. Aber dieses Frühstück hier ist nur eine Vorspeise. Das eigentliche Festmahl wird erst heute Abend aufgetragen. Du kommst doch hoffentlich, oder?"

„Ich hoffe es."

„Mutter, wo ist denn Mahperi?", fragte Çelebi.

„Sie frühstückt bei der Nachbarin nebenan und ist bestimmt gleich zurück", antwortete Mihri und ging hinaus. Ein Stein fiel mir vom Herzen und wir begannen zu frühstücken. Trotzdem war mir nicht ganz wohl zumute. Es wäre mir lieber gewesen, wenn ich mein erstes Wiedersehen mit Mahperi möglichst schnell hätte hinter mich bringen können. Wir aßen eine Kleinigkeit, tranken einen Saft dazu und gingen wieder hinaus.

Auf dem Markplatz hatte ein Jahrmarkt seine Tore geöffnet, was aber nicht bedeutete, dass die üblichen Stände geschlossen geblieben wären. Entsprechend lebendig ging es zu. Vor allem die Kinder waren bester Dinge und in Festtagsstimmung. Die Süßigkeitenhändler konnten sich über mangelnden Andrang nicht beklagen. Es gab kaum ein Durchkommen. „Komm Çelebi, lass uns auch etwas kaufen! Einen Teil davon schenken wir den Kindern", sagte ich.

„Gute Idee!", pflichtete er mir bei.

Eigens für das Fest hatten die Süßigkeitenhändler *Kadayıf* (Honigteigfäden) gebacken, das sie nun auf Backblechen verkauften.

„Die sehen doch schon mal sehr gut aus", lief mir das Wasser im Mund zusammen.

„Dann nimm sie doch mit, Derwisch", sagte Çelebi.

Als ich den Verkäufer nach dem Preis fragte, kommentierte Çelebi spöttisch: „Du scheinst verstanden zu haben, wie man bezahlt."

„Verstanden habe ich es sehr wohl, aber es bereitet mir kein Vergnügen."

„Ein Blech kostet fünf Akçe", informierte mich der Händler.

„Leg bitte eines auf die Seite, wir holen es heute Abend ab", ließ ich ihn wissen und reichte ihm ein paar Münzen. „Der Rest ist für deine Kinder."

Während wir so über den Jahrmarkt flanierten, fiel uns ein Stand mit Sorbets auf. Eigentlich kannte ich mich gut aus mit diesen Säften, doch dieser Händler hier verkaufte Sorten, die ich noch nie gesehen hatte. Genau genommen war ich mir nicht einmal sicher, ob es sich überhaupt wirklich um Sorbets handelte.

Sternfliese aus dem Kubad Abad Palast,
13. Jahrhundert

„Was ist das, Çelebi?", fragte ich.

„Das sind Sorbets. Du kennst sie nicht?"

„Nein, nie gesehen."

„*Bekni* und *Buhsun* heißen sie", erklärte er.

„Und wonach schmecken sie?"

„Sie haben eine leicht berauschende Wirkung. Du würdest so etwas nicht trinken wollen, komm weiter!"

Bekannte aus dem Palast, Kaufleute und Händler, Familien - sie alle genossen den Tag auf der Straße.

Weil Çelebi die Fischstände begutachten wollte, schlenderten wir zum Seeufer. Dort wimmelte es nur so von Schiffern, Fischverkäufern und anderem Volk. Eine neugierige Menge verfolgte gerade den Auftritt eines Seiltänzers auf einem Seil, das zwischen zwei Pfählen über das Wasser gespannt war. Jedes Mal, wenn der Akrobat vortäuschte, die Balance zu verlieren und ins Wasser zu stürzen, entfuhr den Zuschauern ein spitzer Schrei. Sie beobachteten das Schauspiel so gebannt, als stünden sie selbst auf dem Seil. Zwischen den Fischständen entdeckte Çelebi einen kleinen Stand, an dem ein einzelner Fischer seinen Fang selbst grillte und verkaufte. Er steuerte direkt darauf zu.

„Çelebi, lass uns erst warten, bis wir Hunger bekommen. Wenn man satt ist, kann man doch nichts essen", stöhnte ich.

„Du magst zwar satt sein, aber gleichzeitig bist du auch ziemlich abgemagert", entgegnete er und wandte sich an den Verkäufer: „Gib uns zwei Fische im Brot, bitte!"

Die nächsten beiden Fische, die er aus der Pfanne hob, waren unsere. Er schnitt sie zurecht, legte sie mitsamt einigen Zwiebelringen ins Brot und reichte es uns. Es schmeckte köstlich, auch wenn ich anfangs meine Mühe mit den Gräten hatte. Nach dieser Zwischenmahlzeit stiegen wir langsam wieder zum Palast hinauf. Unterwegs kamen uns viele Palastangestellte entgegen, die gerade ebenfalls auf dem Weg in den Ort waren. Jeder verbrachte den Feiertag auf seine Weise.

In der Eingangshalle des Palasts trafen wir Meister Müstaiddin, der den Oberküchenmeister vertrat, während dieser mit dem Sultan in Konya weilte. Er begrüßte uns und bot uns Halwa an, das er zu Ehren des heutigen Tages hatte zubereiten lassen. Seit heute Morgen tat ich nichts anderes mehr als essen. Wenn das so weiter ging, würde ich bald schon Çelebi an Körperfülle übertreffen. Zwar verspürte ich mittlerweile nicht mehr auch nur den geringsten Appetit, doch das Halwa war frisch, seine knusprigen Mandeln kitzelten meine Geschmacksnerven.

Das Zeremoniell sah vor, dass wir Meister Müstaiddin die Hand küssten und uns dann neben ihn stellten, um an seiner Seite andere, die gerade vorbeikamen, zum Festtag zu beglückwünschen. So auch Meister Uzun, der aus Aleppo stammte und deshalb Uzun genannt wurde, weil er über zwei Meter lang war. Uzun bedeutet nämlich nichts anderes als: lang. Meister Müstaiddin erzählte uns, dass der Sultan nach den Festtagen aus Konya zurückkehren werde, wann genau sei jedoch noch unklar.

Anschließend setzten wir uns auf die Terrasse. Die Sonne stand schon tief über den Bergen und würde gleich untergehen. Als Çelebi mich aufforderte: „Lass uns nun zu mir in den Ort gehen!“, bekam ich es mit der Angst. Ich versuchte, mich aus der Sache herauszuwinden: „Man lässt sich nicht zwei Mal an einem Tag einladen. Ich komme euch ein anderes Mal besuchen.“

„Das geht nicht. Meine Mutter wäre enttäuscht. Schließlich kocht sie seit dem frühen Morgen für uns und hat darauf bestanden, dass wir heute Abend da sind. Wie sollte ich ihr da beibringen, dass Ömer nicht mitgekommen ist?“

Auch als ich ihn auf den nächsten Tag vertrösten wollte, zeigte er sich wenig kompromissbereit: „Nun komm schon, wir müssen doch noch das *Kadayıf* abholen.“ Dieses Argument ließ mich schließlich kapitulieren, und ich erwiderte: „Gut, brechen wir auf. Der Süßigkeitenladen schließt gleich.“

Schale mit Blumenmotiv aus der Seldschukenära, 13. Jahrhundert

Schale mit Blumenmotiv aus der Seldschukenära,
13. Jahrhundert

DAS WIEDERSEHEN

Das *Kadayıf*-Blech wäre mir fast zu Boden gefallen, so sehr zitterten meine Hände vor Aufregung, als wir vor Çelebis Haus standen. Gut, dass er mich nicht fragte, was mit mir los war. Mir wäre mit Sicherheit keine überzeugende Antwort eingefallen. Auch diesmal war der Tisch bereits gedeckt, mit einem Unterschied: Es lagen vier Gedecke auf dem Tisch. Herrje, würden wir etwa alle vier zusammen essen? Das war hierzulande alles andere als üblich. Fremde aßen nicht mit der Familie. Oder zählten sie mich etwa schon dazu?

Mutter Mihri trug ein Tablett hinein und rief dabei Richtung Küche: „Mahperi, bring bitte das Wasser und den Saft mit!“

„Mach ich, Mutter“, antwortete eine helle, dünne, gleichzeitig aber sehr sanfte Stimme aus dem anderen Raum. Mahperis Stimme. Und schon aus diesen drei Worten glaubte ich unendlich viel Ruhe, Güte, Fürsorglichkeit und Hingabe herauszuhören.

Als Mihri das Tablett vor uns abstellte, sahen wir, welchen Festschmaus sie vorbereitet hatte:

Lamm aus dem Ofen

Kebab mit Auberginen im Tongefäß (*Patlıcanlı çömlek kebabı*)

Rübenkohl mit Fleisch (*Etli şalgam*)

Teigröllchen (*Nukul*)

Süßspeise mit Safranreis (*Zafiranlı pirinç tatlısı*)

Çelebi erklärte mir, dass sie extra für dieses Essen neue Teller gekauft hatten. Ich betrachtete sie gerade eingehend, als Mahperi den Raum betrat; in den Händen ein weiteres Tablett, auf dem zwei Krüge standen.

Weil ich instinktiv spürte, dass ich keineswegs dazu in der Lage sein würde, ihr ins Gesicht zu schauen, hielt ich mich mit meinen Augen krampfhaft an den Tellern fest.

Sie stellte das Tablett auf den Tisch und warf mir ein kurzes „Herzlich willkommen!" zu.

Und natürlich war sie mir ebenfalls willkommen. Seit ich sie bei unserem ersten und letzten Zusammentreffen gesehen hatte, trug ich sie in meinem Herzen. „Vielen Dank für die Einladung. Auch dir eines frohes Fest", antwortete ich. Meine Stimme kam mir seltsam leise und zerbrechlich vor.

Rechts von mir saß Çelebi, links von mir Mihri. Mahperi saß mir genau gegenüber. Als sie sich vorbeugte, um nach ihrem Glas zu greifen, konnte ich meinen Blick nicht von ihrer seidigen weißen Hand abwenden. Ihre schmalen Handgelenke unterstrichen ihre elegante Erscheinung. O mein Gott! Wohin nur wanderten meine Gedanken? Eigentlich war ich doch zum Essen hier. Ohne mein Zutun wanderten meine Augen nach oben. Sie trug ein wundervolles rotes Gewand aus Samt. Dann riskierte ich einen verstohlenen Blick auf ihren Hals und ihre Augen. Ihr Haar war nicht vollständig bedeckt, einige kastanienbraune Locken fielen ihr auf die Schulter. Nun passierte es: Als sie mir ebenfalls ein Glas Wasser reichen wollte, trafen sich erneut unsere Blicke. Mir stockte der Atem. Am liebsten wäre ich so schnell wie möglich aus dem Zimmer geflohen. Nur weg von hier!

Keinen einzigen Bissen brachte ich mehr herunter, bis Mihri mich schließlich besorgt fragte, warum ich denn nichts esse. Çelebi dagegen schöpfte aus dem Vollen, als hätte er auch heute noch tagsüber gefastet. Um mir weitere Nachfragen zu ersparen, zwang ich mich, weiter zu essen. Doch war mir die Lustlosigkeit, mit der ich dies tat, offenbar anzusehen. Jedenfalls bemerkte Çelebi beiläufig, ohne dass er dabei von seinem Teller aufgeschaut hätte: „Ich verstehe es nicht. Wie kannst du nur Hauptgericht und Nachspeise durcheinander essen?“ Zu meiner Rechtfertigung fiel mir nichts Besseres ein, als zu sagen: „Wir haben heute schon so viel gegessen, dass ich einfach keinen rechten Hunger mehr habe.“

Das Essen dauerte unendlich lange, gefühlt ein ganzes Jahrhundert. Danach entschuldigte ich mich flugs und rannte förmlich aus dem Haus. Ich

registrierte nicht, wohin mich meine Beine trugen. Diesmal überkam mich glücklicherweise kein Schüttelfrost. Dafür war mir, als bekäme ich kaum mehr Luft.

Mein Atem war Mahperi...

Als ich wieder zu mir kam, fand ich mich am Seeufer gegenüber der Burg auf der Insel wieder. Dort hatten Mahperi und ich uns schon einmal im Traum getroffen. Aber würden wir je im realen Leben zusammenkommen? Würde ich mir wirklich irgendwann einmal länger Zeit nehmen können, ihr schmales Handgelenk, ihr erhabenes Antlitz und ihre schimmernden Augen zu betrachten? Durfte ich darauf hoffen, dass dieser Traum eines Tages in Erfüllung geht?

Schale mit Blumenmotiv aus der Seldschukenära,
13. Jahrhundert

Teller mit Fischmotiv aus dem Kubad Abad Palast, 13. Jahrhundert

DIE ALTE HAST

Heute wurde der Sultan im Palast zurückerwartet, er würde geradewegs von der Jagd kommen. Entsprechende Vorkehrungen wurden getroffen. War die Jagd erfolgreich verlaufen, würden wir Wildbret zubereiten. Anderenfalls stünden *Sihi Kebab* und Leber *Kebab* (Fleisch- bzw. Leber am Spieß) auf dem Speiseplan. Dazu eine süße Nachspeise, *Faluze*, und Honigsorbet, das eigens zu diesem Anlass bei einem Saftverkäufer bestellt wurde. Der Sultan liebte es, zum Jagdgericht Honigsorbet zu trinken.

Çelebi kam auf mich zu und stellte mich zur Rede: „Warum bist so schnell wieder verschwunden? Was war los mit dir? Und warum hast du dich in den letzten Tagen so rar gemacht?"

„Es ging mir nicht gut. Ich musste das Bett hüten und mich ausruhen."

„Aha. Wie man sieht, bist du wohl immer noch nicht wieder der Alte", erwiderte er und ließ mich stehen.

Hatte ich ihn gekränkt? Das wollte ich nicht und lief ihm hinterher. „Çelebi, warte! Bist du etwa wütend auf mich?", fragte ich ihn.

„Nein, nein. Halb so wild", sagte er.

Aber wie hätte er auch ahnen können, was ich durchgemacht hatte? Natürlich musste er mir böse sein. In den Tagen nach der Einladung war ich ihm ganz bewusst aus dem Weg gegangen. Ich hatte die Zeit zum Nachdenken genutzt. Was sollte ich tun? Ich hatte mich noch nicht entschieden. Aber allmählich reifte die Überzeugung in mir, dass Mahperi, Mihri und Çelebi ein Recht darauf hatten, von meinen Gefühlen zu erfahren. Wie es auch enden mochte, irgendwann würde ich ihnen die Wahrheit ohnehin nicht länger verschweigen können. Schlimmer als jetzt konnte meine Lage kaum werden.

Ich überwand mich, ging ihn suchen und fragte ihn, als ich ihn fand: „Hilfst du mir, *Faluze* zu kochen, Çelebi?“

„Nein, das geht nicht. Ich werde heute dem Kebabmeister assistieren“, entgegnete er.

„Dem Kebabmeister?“

„Ja“, sagte er mit einem Schulterzucken und kehrte mir erneut den Rükken.

Plötzlich war alles noch komplizierter als zuvor. Nicht nur, dass ich über meinen Schatten springen und ihm meine Gefühle für Mahperi offenbar musste; nun hatte ich ihn anscheinend auch noch verärgert. Ich musste mich sofort bei ihm entschuldigen. Also lief ich ihm abermals nach: „Çelebi, bitte sei mir nicht böse. Dieses Fest mit deiner Familie war eine ganz neue Erfahrung für mich, die mich sehr mitgenommen und an meinen Kräften gezehrt hat. Wie hätte ich das voraussehen sollen?“

Zwar war auch das nicht die ganze Wahrheit, aber im Grunde genommen verhielt es sich ja genau so: Solange man die Liebe nicht kannte, suchte man auch nicht nach ihr. Aber wenn man sie einmal gekostet hatte, konnte man ohne sie nicht mehr leben. Wirklich vorstellen können wir uns nur Dinge, die wir bereits kennengelernt oder schon einmal gesehen haben. Ich hatte natürlich von der Liebe gehört, aber nun stand sie leibhaftig vor mir. Sie hatte mein Herz durchbohrt, und ich konnte nicht mehr von ihr lassen.

Ich brannte und brannte und brannte.

„Nicht doch, Derwisch. Nimm es dir nicht so zu Herzen“, beschwichtigte er.

Genau in dem Moment rief der Meister mit durchdringender Stimme. „Der Sultan ist da!“

Es dauerte nicht lang, da stürmten die Vertrauten des Sultans in die Küche und entledigten sich ihrer reichen Beute. Die Jagd war in der Tat sehr erfolgreich gewesen. Vor uns lagen Enten, Rebhühner und andere Vögel.

„Heute Abend wird auf dem Hof gedeckt", instruierte uns der Oberküchenmeister.

Die Gehilfen waren bereits an der Arbeit, die Vögel zu rupfen. Einige sollte über dem offenen Feuer gegrillt, andere in der Pfanne gebraten und wieder andere im Ofen gebacken werden. Das erforderte, weil es schnell gehen musste, eine wohldurchdachte Organisation. Wildbret gehörte zu den Lieblingsspeisen von Sultan Keykubad, und er bestand darauf, es mit so vielen Menschen wie möglich zu teilen.

Die Küche war ganz in ihrem Element, wie in ihren besten Tagen.

TRAUM

Tagelang war ich von Alpträumen heimgesucht worden, heute hegte ich die Hoffnung, endlich wieder einmal ruhig schlafen zu können. Ich hatte es mir mit meinem Buch auf dem Bett gemütlich gemacht und genoss die Ruhe. Ich las:

Liebe

Ist immer Liebe.

Wenn du gehst, bleibt sie nicht zurück.

Du weißt, sie kommt mit dir.

Liebe,

Deine Seele vermag ihr nicht zu entrinnen.

Diese Verse mussten einer unglücklichen Liebesbeziehung entsprungen sein, dachte ich. Sie brachten auf den Punkt, was ich gerade erlebte, und beschrieben meine Situation nur allzu gut. Während ich weiter darüber nachsann, glitt ich in eine Art Halbschlaf hinüber, in einen Zustand zwischen Schlafen und Wachen.

Da kam sie auf mich zu.

Sie reicht mir ihre Hand.

„Komm mit mir zur Burg auf die Insel“, flüstert sie.

Sie bedeutet mir, ihr zu folgen.

Sie eilt voraus, läuft über das Wasser und dreht sich kurz nach mir um.

Wie sollte ich ihr nicht folgen?

Nein, dies kann kein Traum sein.

Der Traum aus der Nacht, als ich sie zum ersten Mal sah. Er ist Wirklichkeit geworden.

Mahperi ruft mich zur Insel.

Ich laufe, so schnell ich kann.

Die Wände des Palasts, die Menschen, die ihn bevölkern, alles verschwimmt vor meinen Augen.

Die Korridore nehmen kein Ende, scheinen nirgendwo hin zu führen.

Dann der gepflasterte Hof. Er ist mir versperrt.

Die Zeit verrinnt, aber ich komme nicht vom Fleck.

Ich stoße mit jemandem zusammen.

Ich rapple mich auf und renne weiter.

Endlich, das Ende des Korridors.

Das Tor zum Hof nun weit offen, und über die Treppen zum Holzsteg hinunter.

Die Welt ein einziger Wirbel.

Ich fliege förmlich durch die Luft.

Die Bäume, die Vögel, sie weichen mir aus.

Am Steg stehen meine Mutter und mein Vater, an die ich mich doch nicht erinnere. Ich sehe meinen Dergah und meinen Meister.

Doch ich darf mich nicht aufhalten. Grußlos renne ich an ihnen vorbei.

Dann der erste Schritt über den Steg hinweg:

Meine Kleider ziehen mich ins Wasser hinab.

Doch sehe ich noch, wie meine Seele und mein Herz hinfort schweben.

Mit einem Mal verlangsamt sich die Szenerie. Die Tiefe umfängt mich.

Das betörende Grün des Sees und der Wandfliesen des Palasts.

Ein Grün so tief wie die Augen von Mahperi, ein Grün, in dem alles erstrahlt.

Bewegungslose Stille.

Das muss der Frieden sein.

Aber wo ist Mahperi und wo die Insel?

Das Grün des Friedens.

Das Grün von Konya.

Das erregende Grün des Sees.

Das Grün meines Nichts.

Grün.

Ein Stück Papier gleitet vorüber. Es hat sich aus meiner Tasche befreit.

Nun bleibt mir nichts mehr.

Nur Leere.

Seldschukischer Adler,
13. Jahrhundert

TEIL II

2010

Der Anfang einer Geschichte,
die knapp 700 Jahre in die Vergangenheit reicht

Wandfliese aus dem Hamam des Kubad Abad Palasts,
13. Jahrhundert

DER LÄNGSTE APRIL

Ein wunderschöner Weg. Bald würde der Kubad Abad Palast, den ich schon seit Jahren besichtigen wollte, vor uns auftauchen. Vor allem deshalb hatte ich unbedingt an der Konferenz in Beyşehir teilnehmen wollen. Und tatsächlich, kurze Zeit später lag der See der Stadt plötzlich vor mir, und nichts würde jemals wieder so sein wie früher.

Dieses Grün. Das Grün der Teller aus meiner Keramiksammlung, das Grün des Friedens, das Grün, das den Sultanen den Schlaf raubte. Dieses betörende Grün, das unendlich viel Ruhe ausstrahlte, mir aber zugleich keine Ruhe ließ. Nun sah ich es zum ersten Mal mit eigenen Augen. Ich war wie versteinert. Mein Leben stand still. Ich stieg aus dem Auto. Vielleicht hätte ich den See nie sehen dürfen...

40 Kilometer Fußweg am See entlang trennten mich noch vom Kubad Abad Palast. Eigentlich eine lächerlich kurze Distanz. Aber von den tausenden Kilometern, die ich bislang durch die Türkei gereist war, waren diese für mich fraglos die aufregendsten.

Woher mein Interesse für den Kubad Abad Palast rührt?

Ich war schon immer ein großer Bewunderer der Seldschuken. Ich bewundere die Kunstwerke, die sie hervorgebracht haben, ihren Ideenreichtum, ihre Kunstfertigkeit und ihre Präzision. Je mehr ich mich mit ihnen befasste, desto mehr stieg meine Hochachtung vor ihnen. Volle zwei Tage stand ich zum Beispiel allein im Bann des Tores der Ulu Cami in Divriği, eines Moscheekomplexes. Glanzstücke wie dieses bringen mich immer wieder zum Staunen.

Auf die Fliesenmalereien des Kubad Abad Palasts stieß ich zufällig in einem Buch. Spontan riss ich die Seite mit der Abbildung eines zersprungenen, nur noch in Fragmenten vorhandenen wunderschönen Tellers mit einem Fischmotiv heraus und setzte mich sofort mit meinem Freund Ibrahim in Verbindung, einem ausgewiesenen Experten für Keramik. Ich fragte ihn, ob er vielleicht eine Möglichkeit sähe, den Teller zu rekonstruieren. Zwei Monate später überreichte er mir die fertige Arbeit in meinem Haus. Zweifellos die Krönung meiner Sammlung, woran sich bis heute nichts geändert hat. Das war der Anfang meiner Leidenschaft für die Seldschuken.

Wandfliese aus dem Hamam des Kubad Abad Palasts,
13. Jahrhundert

RUHE AM NACHMITTAG

Vom Kubad Abad Palast war nicht mehr viel übrig. Der einzige Palast aus der Ära der Seldschuken, der bis in die Gegenwart erhalten geblieben ist, befand sich in einem bedauernswerten Zustand. Sämtliche Fliesen waren - ohne jede Legitimation - nach Konya abtransportiert worden. Aber wie er da so voller Stolz vor mir aufragte, spürte ich sofort seine Seele und seine Majestät, die noch heute, Jahrhunderte später, ihresgleichen sucht.

Ich erschrak. Ich musste eingedöst sein, aber in meinem Traum hatte ich nicht das Abbild des Palasts gesehen, sondern den Palast selbst. Wie konnte das sein? Woher kannte ich all diese Details. Ich hatte diesen Ort doch nie zuvor betreten. Als wäre ich vor über sieben Jahrhunderten zum ersten Mal hier gewesen...

„...auf der Suche nach meiner inneren Ruhe kehre ich immer wieder hierher zurück.

Auf den gepflasterten Hof des Kubad Abad Palasts.

In meiner Hand deine Wimpern,

Der Mond geht auf über dem See,

Die Stille der Nacht.

Er führt jetzt mehr Wasser, es ist Herbst.

Dein Schatten auf den zum See führenden Treppen,

Zwei verlorene Leben, dunkler Traum.

Deine Wimpern, sie brennen in meiner Hand..."

...diese Gedanken waren nicht meine eigenen. Hals über Kopf verließ ich das Gelände, schaffte es gerade noch pünktlich zu meiner Konferenz. Dort schützte ich Müdigkeit vor und fuhr ins Hotel. Meinem Zimmer im obersten Stockwerk zu Füßen lag der See von Beyşehir. Ich betrachtete ihn. Mir war seltsam zumute. Die schneebedeckten Berge, der Monat April, das Grün, diese Straßen.

Was wollten sie mir sagen?

ALTER TAG – NEUER TAG

Die Straßen von Beyşehir. Es war eine gute Tageszeit, um ziellos durch den Ort zu bummeln. Bis zum Essen blieben mir noch einige Stunden. Ich ging hinunter zum See. Seine Farbe war genauso unglaublich wie die des Himmels, der ihn überwölbte. Am frühen Abend herrschte hier ziemliches Gedränge. Genau diese Stunden liebte ich so in den Städten Anatoliens.

Die Stadt vibrierte. Sie lebte.

Ich schlenderte am Seeufer entlang, vorbei an der Deutschen Brücke, hinunter zur Einkaufsmeile. Feierabendabendstimmung machte sich breit, ein Teil der Läden hatte schon geschlossen. Vor den Bäckereien dagegen bildeten sich Schlangen: Letzte Einkäufe für das Essen zuhause. In wie vielen Städten hatte ich diesen immer gleichen Ablauf schon beobachtet!

Ich lächelte. Für mich ist das das wahre Leben; nicht, auf dem Heimweg mit dem Auto im Verkehr stecken zu bleiben, und auch nicht, an der Haltestelle auf einen überfüllten Bus zu warten, sondern, durch die Straße zu streifen, den Duft von frisch gebackenem Brot in der Nase, und bei sich selbst anzukommen.

Auch wenn sich dessen hier niemand bewusst war...

Ich bog rechts ab in eine Straße, die auf einen großen Platz führte. Neben einem Obst- und Gemüseladen stach mir dort ein Schild mit der Aufschrift

„Antiquitäten“ ins Auge. Auch dieses Geschäft schien schon geschlossen, also spähte ich durch das kleine Schaufenster ins Innere. Der höchstens 10 Quadratmeter große Laden stürzte förmlich auf mich ein, so sehr faszinierte mich sein Angebot schon auf den ersten flüchtigen Blick. Morgen früh vor meiner Abreise würde ich ihm definitiv noch einen Besuch abstatten.

Gemessenen Schrittes ging ich zum Auto zurück und steuerte ein Fischrestaurant an. Der See von Beyşehir war auch heute noch als reicher Fanggrund bekannt. Ich würde allein dort speisen. Eigentlich. Denn irgendwie fühlte ich mich noch immer von Gedanken verfolgt, die ich nicht zu deuten vermochte, genau wie heute Morgen in dem Palast.

Auch mit dem gebackenen Fisch, den ich bestellte, glaubte ich bestimmte Ereignisse zu verbinden, zu denen ich nicht durchdrang. Ein Gericht, das ich doch zum ersten Mal aß - wie konnte das sein?

Seldschukischer Teller,
13. Jahrhundert

Zurück im Hotel dachte ich darüber nach, was ich an dem Tag erlebt hatte. Ich fühlte mich erschöpft und brauchte Schlaf. Morgen früh würde ich als Erstes den Antiquitätenladen aufsuchen.

Am nächsten Morgen erwachte ich mit einer einzigartigen Aussicht. Als ich die Augen aufschlug, umfing mich augenblicklich das Grün des Sees, denn ich hatte die Vorhänge nachts nicht zugezogen. Ein atemberaubender Moment!

Ich genoss das Panorama in vollen Zügen, bis ich mich aus Zeitdruck loseisen musste. Zehn Minuten später saß ich im Auto. Diese Selbstdisziplin verdankte ich meinen vielen Reisen.

Wandfliese aus dem Hamam des Kubad Abad Palasts,
13. Jahrhundert

Ich war unterwegs zu der großen Lagerhalle. Zu der großen Lagerhalle? Ja, denn in dem winzigen Antiquitätenladen hatte man mir mitgeteilt, dass sich der überwiegende Teil der Ausstellungsstücke nicht dort, sondern in einer Lagerhalle in einem anderen Stadtteil befand.

Ich parkte den Wagen vor der Halle und klopfte an die riesige Stahltür. Dem Mann an der Pforte war mein Besuch bereits angekündigt worden. Er würde mich durch die Halle führen.

Die Halle bestand aus zehn Räumen: jeder so groß wie eine Turnhalle und bis an die Decke mit Antiquitäten gefüllt. Einfach unglaublich!

Im ersten Raum stieß ich auf ein großes Marmorbecken, etliche Waschbecken, hölzerne Dunstabzugshauben und Tongefäße aus Konya. Fast als hätte man sämtliche Einrichtungsgegenstände jener Häuser, die zum Abriss freigegeben wurden, hier zwischengelagert. Die Marmorbecken waren bildschön.

Danach gingen wir hinüber in den sogenannten Fabrikraum. Was es damit auf sich hatte? Hier standen alte Olivenpressen aus Holz, Sesamölpressen, Mahlsteine und vieles mehr. Eine der Olivenpressen erinnerte mich an die von meinem Opa aus Kilis.

Als wir anschließend den Raum mit den Töpfen und Tellern betraten, kannte meine Aufregung keine Grenzen mehr. So sehr mir mein Leben als Reisender auch in Fleisch und Blut übergegangen war - letzten Endes war ich doch immer noch Koch. Und als solcher gab es nichts Schöneres für mich, als meine Gerichte in antiken Schüsseln zu servieren. Hier nun sah ich zum ersten Mal in realiter jene Teller vor mir, für die die Ortschaft Kınık (in der Provinz Izmir) jahrhundertelang so berühmt war. Ihre fließenden Farben verliehen ihnen eine erhabene Schlichtheit. Was für eine Kollektion!

Ich vergrub mich für Stunden in der Tiefe dieses Raums. Und als ich ihn schließlich wieder verlassen wollte, entdeckte ich direkt neben der Tür zwei grüne Teller, die dort anscheinend - seit wer weiß wie langer Zeit - darauf warteten, von mir entdeckt zu werden. Ich konnte den Blick kaum von ihnen abwenden. Andere Besucher hatten sie möglicherweise für nicht weiter erwähnenswert gehalten, für ganz gewöhnliches Porzellan. Aber für mich war genau diese Schlichtheit das Besondere. Beide waren ausgebleicht und bei dem einen hatte sich ein Fleck mit einem Grünton abgesetzt, der sich leicht von der eigentlichen Farbe des Tellers unterschied. Ihre Natürlichkeit traf bei mir einen Nerv. Ich erkundigte mich nach dem Preis und schaute nach, wie viel Geld ich noch in der Tasche hatte. Zu meiner Enttäuschung würden die Teller noch eine Zeitlang hier bleiben müssen. Aber definitiv würde ich nach Beyşehir zurückkommen, um sie mir zu holen.

O Beyşehir,

Ich lasse dich nicht zurück, sondern trage dich in meiner Seele mit mir.

EIN WAHRES TOHUWABOHU

Die letzten beiden Wochen war ich wie in Trance gewesen und hatte fieberhaft Pläne geschmiedet. Die beiden Teller ließen mir keine Ruhe, und diesmal würde ich genügend Geld mitbringen.

Ich war also abermals nach Beyşehir gefahren. Und als ich den See vor mir liegen sah, verstummten alle Fragen in meinem Kopf, und ich tauchte in seinen grünen Frieden ein. In den nächsten Tagen würde ich mir eine Straße nach der anderen anschauen und alles über Beyşehir lesen, was mir in die Finger kam. Ich fuhr ins Hotel, checkte ein und ging zu Fuß in die Stadt. Da sie mir mittlerweile so vertraut vorkam, fand ich auch die Bibliothek recht schnell. Dort verbrachte ich den Rest des Tages und durfte mir sogar noch einige Bücher mit ins Hotel nehmen.

Zurück auf der Straße, fiel mir ein, dass ich mich am Abend mit meinen Dozenten zum Abendessen verabredet hatte; in einem Fischrestaurant namens „Yaka Manastır", das mit einem herrlichen Blick auf Beyşehir zu glänzen wusste. Nach dem Essen arbeitete ich noch ein wenig, betrachtete den Mond, der über dem See stand, und schlummerte irgendwann ein.

Am nächsten Morgen zog es mich ans Seeufer. Von einem kleinen Holzsteg aus bewunderte ich das Panorama, das sich vor mir auftat. Was für ein wundervoller Morgen! Was für ein herrlicher See! Was für atemberaubende schneebedeckte Berge! Ohne es zu ahnen, steuerte ich auf einen Wendepunkt in meinem Leben zu.

Ich beugte mich vornüber und sah ins Wasser. Es war ruhig, grün und glasklar. Aber mein Spiegelbild! Was war das da für ein Turban auf meinem Kopf? Der Mann, den ich dort sah, war nicht ich. Ein Fremder schaute mich aus dem Wasser heraus an.

Wer war die Person, die ich da im Wasser gesehen hatte?

DIE REISE

Wer war die Person, die ich da im Wasser gesehen hatte? Ich bemühte mich, diese Frage vorläufig zu verdrängen, und fuhr zu der Lagerhalle, um die Teller zu kaufen. Schließlich waren sie ja der eigentliche Grund für meine Reise nach Beyşehir.

Ich klopfte an die Tür, und als sie sich öffnete, strömte mir sofort der gleiche leicht abgestandene Geruch entgegen wie bei meinem ersten Besuch. Ich begrüßte den Pförtner und ging mit ihm zusammen zu dem Raum mit den Töpfen und Tellern. Und tatsächlich, wie eine Liebende, die geduldig auf ihren Geliebten wartet, lagen sie noch dort, wo ich sie beim letzten Mal zurückgelassen hatte. Während er sie mir in Papier einschlug, nutzte ich die Zeit, um mir weitere Lagerräume anzuschauen. Holz, Glas, Marmor, Ton - alle erdenklichen Materialien waren hier vertreten. Jedes Stück hatte seine eigene Geschichte. „In dieser Halle könnte ich Wochen verbringen", dachte ich, zahlte und trat wieder auf die Straße hinaus. Diese Teller würden einen Ehrenplatz direkt neben dem Schmuckstück meiner Sammlung bekommen, dem Teller mit dem Fischmotiv aus dem Kubad Abad Palast.

Wie man sich denken kann, war ich hochzufrieden - was diesen Kauf betraf. In anderer Hinsicht hingegen war mir unbehaglich zumute: die merkwürdigen Ereignisse, die mich begleiteten, seitdem ich zum ersten Mal einen Fuß in die Stadt gesetzt hatte, das seltsame Gefühl, irgendwann schon einmal hier gewesen zu sein, aber auch die Bäume, der See, die Straßen, der Geruch dieser Stadt, diese Vertrautheit - all das machte mir auf eine unbestimmte, nicht greifbare Weise Angst. Träumte ich Tagträume von einem vergangenen Jahrhundert, oder verlor ich langsam den Verstand?

Zurück im Zentrum nahm ich meinen Stadtbummel wieder auf. Doch schon nach kurzer Zeit hatte ich das Gefühl, als ginge ein unsichtbarer Begleiter neben mir her. War etwa auch das Bestandteil meines Traums? Was wollte mir diese Stadt erzählen? Gab sie mir versteckte Hinweise? Aber worauf? Oder hatte ich in einem früheren Leben schon einmal hier gelebt? Konnte das möglich sein? Ich brauchte Ruhe. Ich brauchte Abstand. Ich wollte mich diesen Fragen jetzt nicht stellen. Ich musste diese Stadt so schnell wie möglich verlassen. Oder hatte mich meine eigene Vergangenheit hierher verbannt?

Schale mit Blumenmotiv aus der Seldschukenära, 13. Jahrhundert

UND WIEDER BEYŞEHIR

Mittlerweile hatte die Stadt Beyşehir ganz von meiner Gedankenwelt Besitz ergriffen. Im letzten Monat war ich ein drittes Mal dorthin gereist, und das, obwohl ich bis über beide Ohren in Arbeit steckte. Eine innere Stimme hatte mich förmlich dazu gezwungen.

Ich war zu der Überzeugung gelangt, dass ich vor sehr langer Zeit schon einmal dort gewesen sein musste. Von Anfang an hatte ich das so empfunden. Nein, an Reinkarnation glaubte ich nicht. Viel eher konnte ich mir vorstellen, dass ich vom Geist eines meiner Vorfahren verfolgt wurde. Zum Beispiel von jenem Mann, der mich aus dem Wasser heraus angestarrt hatte. Aber warum bedeutete mir der Teller mit dem Fischmotiv aus dem Kubad Abad Palast so viel? Hatte auch er etwas mit dieser Geschichte zu tun?

Diese und andere Fragen suchten mich wieder und wieder heim. Von Zeit zu Zeit malte ich mir außerdem in allen Details aus, wie es gewesen wäre, als Koch im Kubad Abad Palast zu arbeiten. Ein Psychiater hätte mich vermutlich als wahnhaft gestört eingestuft.

Dieser Ort hatte mich verändert, vielleicht sogar zu einem anderen Menschen gemacht. Es kam mir vor, als lebte ich einen Traum, den ich vor Jahrhunderten schon geträumt hatte. Erst letzte Nacht fühlte ich mich wieder in diesem Traum gefangen.

Heute Morgen erinnerte ich mich zunächst an nichts mehr. Aber dann entdeckte ich auf meinem Arbeitstisch eine kurze Notiz mit einem Satz darüber, eindeutig in meiner eigenen Handschrift verfasst. Da fiel mir wieder ein, dass ich mitten in der Nacht aufgestanden war und sie selbst niedergeschrieben hatte. In dem Satz stand: „Die folgenden Worte habe ich nur geschrieben, eingegeben hat sie mir ein Seelenverwandter. Es sind nicht meine eigenen Worte."

Verblüfft las ich auch die Notiz:

„Hier an diesem Ort habe ich einst meine Bestimmung gefunden. Hier durfte ich meine große Liebe kennenlernen. Ich ging nie wieder fort. Zuvor hatte ich als Koch in einem Dergah gearbeitet. Dann folgte ich Sultan Alaaddin Keykubad in seinen neuen Palast am See von Beyşehir, der ihn so sehr inspirierte. Es ist nun schon viele Jahrhunderte her, dass ich ihm auf einem besonders schönen grünen Teller Essen servierte. Und er ließ mir ausrichten, dass der Teller das Essen in den Schatten stelle. Ich fürchtete damals, er werde mich aus Beyşehir fortschicken, weil ihm mein Essen nicht geschmeckt hatte. Also warf ich den Teller in den See. Heute sind meine Augen versiegelt und schauen nirgendwo mehr hin. Nun ist es Zeit für mich, endgültig zu gehen. Ich sage Lebewohl und werde alles vergessen, was ich je wusste."

Ich überlegte. Dieser Teller - handelte es sich dabei womöglich um den Teller, den ich hatte rekonstruieren lassen; die Krönung meiner Sammlung, die ich wie meinen Augapfel hütete? Konnte es sein, dass ich meine höchst seltsamen Erlebnisse in Beyşehir tatsächlich einem Seelenverwandten verdankte, der mir versteckte Botschaften zukommen ließ?

Nun wurde mir einiges klarer: Als ich nach Beyşehir gekommen war, war dieser Ort bereits auf irgendeine Weise in meinem Bewusstsein verankert. Vielleicht ja durch die Vermittlung dieses Seelenverwandten. Jedenfalls kannte ich den Geruch, die Bäume, die Vögel, das betörende Grün dieses Ortes, seine berühmten Fischgerichte. Vor allem natürlich den Palast.

Und auch die anderen beiden Teller aus der Lagerhalle, von denen ich den Blick nicht abwenden konnte. Anscheinend hatten auch sie einst meinem Seelenverwandten gehört, ebenso wie mein vermeintliches Spiegelbild in dem betörend grünen Wasser des Sees. Der Mann mit dem Turban. Dieser

Fremde, der mir inzwischen gar nicht mehr so fremd war, der mir mit der Zeit immer mehr zu einem ständigen Begleiter geworden war. Ja, ich konnte sein Leben sogar sehr genau in der Zeit verorten. Denn der Kubad Abad Palast war im Jahr 1236 fertiggestellt worden. Und schon kurz darauf hatte Sultan Alaaddin Keykubad ihn bezogen.

Ich fühlte, wie eine schwere Last von mir abfiel. Und doch zog es mich schon kurze Zeit später erneut nach Beyşehir zurück. Nach wie vor verspürte ich das Bedürfnis, in den Ruinen des Palasts umherzustreifen und die Stadt zu erkunden. Kurzentschlossen kaufte ich mir ein Ticket, packte meine Sachen und fuhr los.

„Wonach suchtest du nun denn noch, nachdem du herausgefunden hattest, dass ein Seelenverwandter von dir im Jahr 1236 gelebt hat? Nach dessen verschollener Familie?“, werdet ihr vielleicht einwenden.

Nein. Ab jetzt gilt mein Interesse ganz den Gerichten, die mein Seelenverwandter damals gekocht hat. Ich bin extrem neugierig darauf zu erfahren, was die Menschen dort zu jener Zeit gegessen haben. Schließlich bin ich mit Leib und Seele Koch.

Seither forsche ich nach alten Büchern aus Antiquariaten, nach Handschriften, Legenden, Aufzeichnungen aus Nachbarländern aus demselben Jahrhundert, Dokumenten aus den Ursprungsländern der Seldschuken usw.

Ich spüre, dass ich erneut zu einer langen Reise aufgebrochen bin, und bin sehr gespannt auf die Speisen und Gerichte, dir mir unterwegs begegnen werden.

Meine neue Adresse ist ein Hotel in Beyşehir auf einer Anhöhe direkt über dem See. Vom Arbeitstisch am Fenster aus lasse ich meinen Blick über den See schweifen, wann immer mir der Sinn danach steht. Zurzeit bin ich vor allem damit beschäftigt, meine Quellen zu sichten und zu sortieren. Aber ich freue mich schon darauf, meine Erkenntnisse zu Papier zu bringen.

So verstreichen die Tage.

Wieder einmal sitze ich auf dem Holzsteg, genau dort, wo ich meinem Seelenverwandten zum ersten Mal begegnet bin. „Was für ein wundervoller Morgen! Was für ein herrlicher See! Was für atemberaubende schneebedeckte Berge!“, sage ich mir, nicht zum ersten Mal. Die Stille dieses ruhigen Morgens wird nur vom Motorenlärm der Fischerboote durchbrochen. Zwei Fischer fahren in einem blauen Boot an mir vorbei und werfen ihre Netze aus. Nach einiger Zeit schalten sie den Motor ab und ziehen sie wieder an Bord. Ein alltäglicher Anblick hier am See. Aber plötzlich hält er eine ganz neue Erkenntnis für mich bereit. Natürlich, fällt es mir wie Schuppen von den Augen: Obwohl ich jetzt schon so oft hier am See gesessen habe, kam es mir nie in den Sinn, sein Wasser zu berühren. Tatsächlich, ich habe noch nie auch nur einen Finger ins Wasser gehalten.

An der Seite des Stegs führt eine kleine Holztreppe hinab. Die unterste Stufe ist etwa breiter als die anderen. Vorsichtig taste ich mich zu ihr hin, um zu sehen, ob sie meinem Gewicht standhält. Dann stelle ich mich darauf. Ich berühre die Wasseroberfläche und lasse meine Hand langsam in den See gleiten. Ich bewege sie hin und her. Plötzlich merke ich, wie meine Lippen wie aus dem Nichts einen Satz formen:

„Dieses Wasser steckt voller Erinnerungen...“

Was sollte das nun wieder bedeuten? Einen Moment lang kehrt die alte Verwirrung zurück. Dann aber merke ich, dass es mich nicht mehr interessiert, nicht halb so viel jedenfalls wie mein neuer Forschungsgegenstand: die Frage danach, was mein Seelenverwandter im Palast des Sultans damals gekocht hat.

Mai 2012
M. Ömür Akkor

Teller mit Fischmotiv aus dem Kubad Abad Palast, 13. Jahrhundert

TEIL III

REZEPTE DER SELDSCHUKISCHEN KÜCHE

SPEISENÜBERSICHT

1. SUPPEN

2. ZWISCHENMAHLZEITEN

3. GERICHTE ZUM FESTMAHL

4. SÜSSSPEISEN

5. SÄFTE UND ANDERE GETRÄNKE

- I -
SUPPEN

KURU BUĞDAY ÇORBASI
(TROCKENE WEIZENSUPPE)

Bei den Seldschuken gab es den Beruf des Semman. Ein Semman stellte reine Butter her und verkaufte sie.

ZUTATEN

1 Kilo Joghurt

1 Kilo Weizen

1 Esslöffel Butter

1 Teelöffel getrocknete Minze

5 Gläser Wasser

Steinsalz

ZUBEREITUNG

- Zerstoßen Sie den Weizen gründlich mit einem Mörser.
- Verrühren Sie den gemahlenen Weizen mit dem Joghurt und dem Salz.
- Formen Sie aus dem breiartigen Gemisch walnussgroße Häufchen.
- Legen Sie diese Häufchen auf eine saubere Unterlage, und drücken Sie von oben mit dem Handteller darauf, sodass sie etwas flacher werden.
- Lassen Sie diese Häufchen 10 Tage trocknen.
- Dann legen Sie fünf der getrockneten Häufchen in einen Topf mit Wasser.
- Bringen Sie das Wasser zum Kochen, und verringern Sie anschließend die Wärmezufuhr.
- Nun lassen Sie die Butter in einer Pfanne zergehen, geben die Minze hinzu, braten das Ganze kurz an und schütten es in die Suppe.
- Nehmen Sie den Topf vom Herd, und servieren Sie die Suppe.
- Die übriggebliebenen Häufchen können Sie in einer Stofftüte aufbewahren und verwenden, wenn Sie die Suppe noch einmal kochen.

TANDIR ÇORBASI
(STEINOFENSUPPE)

ZUTATEN

100 Gramm in eigenem Fett gebratenes Lammfleisch (Kuzu kavurma)

1 Zwiebel

½ Glas Kichererbsen

½ Glas Bulgur

½ Glas Bohnen

½ Glas grüne Linsen

3 Gläser Fleischbrühe (Kemik suyu)

5 Gläser Wasser

Steinsalz (Kaya tuzu)

ZUBEREITUNG

- Weichen Sie Kichererbsen, Bulgur und Linsen eine Nacht in Wasser ein.
- Geben Sie die Fleischbrühe in einen Topf, fügen Sie die eingeweichten Hülsenfrüchte, den Bulgur, das Salz und das Wasser hinzu, und erhitzen Sie das Ganze.
- Sobald das Wasser kocht, fügen Sie die klein gehackten Zwiebeln und das angebratene Fleisch hinzu.
- Lassen Sie die Suppe ca. eine Stunde lang auf kleiner Flamme köcheln, und servieren Sie sie dann.

TUTMAÇ ÇORBASI

(NUDELSUPPE)

ZUTATEN

Für den Teig:

2 Gläser Mehl

1½ Gläser Wasser

½ Schale Butter

Für die Suppe:

½ Kilo kleingehacktes Lammfleisch

6 Gläser Wasser

500 Gramm Joghurt mit 10% Fettgehalt (Süzme yoğurt)

3 Zehen Knoblauch

4 Esslöffel Butter

Steinsalz

ZUBEREITUNG

- Legen Sie das Fleisch mit 5 Gläsern Wasser in einen Topf, und kochen Sie es zunächst ca. 1½ Stunden lang. Bei Bedarf geben Sie noch ein wenig Wasser dazu.
- Währenddessen kneten Sie die für den Teig vorgesehenen Zutaten zusammen.
- Lassen Sie den Teig anschließend eine halbe Stunde lang ruhen, dann rollen Sie ihn mit einer Nudelrolle aus.
- Den ausgerollten Teig schneiden Sie in kleine Quadrate, streuen Mehl darauf und lassen ihn liegen.
- Nachdem das Fleisch ca. 1½ Stunden gekocht hat, geben Sie die Teigquadrate und etwas Salz in den Sud und lassen das Ganze auf kleiner Flamme weiterköcheln.
- Verrühren Sie nun den Magerjoghurt mit einem Glas Wasser, und fügen Sie die kleingehackten Knoblauchzehen hinzu.
- Schütten Sie anschließend den warmen Fleischsud mit einer Kelle langsam in die Joghurtmischung, und rühren Sie dabei gut durch.
- Geben Sie die lauwarme Flüssigkeit nach und nach in die Suppe.
- Lassen Sie die Suppe noch einmal richtig aufkochen, und nehmen Sie sie von der Herdflamme.
- Zum Schluss erhitzen Sie die Butter in einer Pfanne, gießen sie in die Suppe und servieren das fertige Gericht.

CİĞER ÇORBASI

(LEBERSUPPE)

Die Erzeuger von Essig wurden bei den Seldschuken Sikre-Furuş genannt.

ZUTATEN

250 Gramm Lammleber

1 Zwiebel

1 Esslöffel Mehl

2 Esslöffel Butter

½ Tasse Essig

5 Gläser Wasser

1 Bund frische Petersilie

Steinsalz

ZUBEREITUNG

- Kochen Sie die Lammleber am Stück 10 Minuten lang.
- Anschließend fischen Sie sie aus dem Wasser und schneiden sie auf einem Holzbrett in kleine Stücke.
- Hacken Sie die Zwiebel klein.
- Geben Sie die kleingeschnittenen Leberstücke mit dem Zwiebelhack zusammen in einen Topf, und braten Sie sie mit Butter vorsichtig an.
- Fügen Sie Mehl hinzu, und braten Sie das Ganze weiter auf kleiner Flamme.
- Danach schütten Sie den Essig, das Salz und das Wasser in den Topf und lassen die Suppe weitere 20 Minuten lang köcheln.
- Nehmen Sie danach den Topf von der Flamme, und geben Sie die Petersilie dazu.
- Zuletzt verschließen Sie den Kochtopf mit einem Deckel, lassen ihn fünf Minuten ruhen und servieren die Suppe.

TUZLU YOĞURTLU ŞEHRİYE

(FADENNUDELN IN JOGHURTSOSSE)

Dem Joghurt wurde Salz hinzugefügt, dann wurde er durch ein Sieb in Krüge gedrückt. Dort bewahrte man ihn auf, um ihn zum Frühstück oder zu den Hauptspeisen zu essen. Die Suppennudeln wurden getrocknet, in Stofftüten gelagert und bei Bedarf verwendet.

ZUTATEN

½ Kilo gesalzener Joghurt mit 10% Fettgehalt

2 Gläser hausgemachte Fadennudeln

5 Gläser Wasser

3 Esslöffel Butter

2 Esslöffel getrocknete Minzea

ZUBEREITUNG

- Für die Nudeln rollen Sie einen einfachen Teig aus Mehl, Wasser und Salz aus, den Sie dann zu kleinen Fadennudeln (Şehriye) zerschneiden.
- Schütten Sie die Nudeln in kochendes Wasser, und lassen Sie sie 10 Minuten kochen.
- Währenddessen geben Sie mit einem Löffel nach und nach den gesalzenen Joghurt hinzu. (Da gesalzener Joghurt verwendet wird, ist kein weiteres Salz notwendig.)
- Lassen Sie das Ganze nach abgeschlossener Zugabe des Joghurts weitere 10 Minuten kochen.
- Braten Sie die Minze in Butter an, und lassen Sie den Inhalt der Pfanne anschließend in die Suppe fließen.

BUĞDAY ÇORBASI
(WEIZENSUPPE)

ZUTATEN

1 Glas Weizen

1 Schale Joghurt

6 Gläser Wasser

4 Esslöffel Butter oder ein halbes Teeglas Olivenöl

1 Esslöffel getrocknete Minze

Steinsalz

ZUBEREITUNG

- Zerstoßen Sie den Weizen mit einem Mörser.
- Geben Sie den gemahlenen Weizen in einen Topf, und fügen Sie Wasser und Salz hinzu.
- Stellen Sie das Gemisch auf die Herdflamme, und lassen Sie es ca. 45 Minuten lang kochen, bis der Weizen weich geworden ist.
- Kurz bevor es soweit ist, rühren Sie den Joghurt gut durch und geben dann einige Kellen von dem kochenden Wasser in die Joghurtschale.
- Nun lassen Sie das Gemisch nach und nach in die Suppe fließen.
- Lassen Sie das Ganze erneut kurz aufkochen, und nehmen Sie danach den Topf von der Flamme.
- Braten Sie die Minze in Butter an.
- Zum Schluss geben Sie die Minze in die Suppe und servieren sie.

- II -
ZWISCHENMAHLZEITEN

ARPA EKMEĞİ

(GERSTENBROT)

Der Müller hieß bei den Seldschuken Asiyaban.

ZUTATEN

Für die Hefe:

250 Gramm Gerstenmehl

1 Liter Wasser

Für das Brot:

500 Gramm Gerstenmehl

1 Teelöffel Steinsalz

Wasser nach Bedarf

ZUBEREITUNG

- Verrühren Sie zunächst die 250 Gramm Gerstenmehl mit dem Wasser, bis der Teig eine leicht schleimige Konsistenz aufweist.
- Dann decken Sie ihn zu und lassen ihn eine Nacht lang ruhen.
- Zu dem fertigen Teig geben Sie am nächsten Tag die 500 Gramm Gerstenmehl, das • Salz und reichlich Wasser und kneten das Ganze gut durch.
- Wenn der Teig glatt geworden ist, teilen Sie ihn in 8-10 Stücke.
- Rollen Sie die Stücke mit der Hand aus.
- Bohren Sie in der Mitte der ausgerollten Teigstücke jeweils ein Loch von der Größe einer Walnuss.
- Dann backen Sie die Stücke 45 bis 55 Minuten entweder im Steinofen oder im Backofen bei 180 Grad.

BİBERLİ PİLAV

(PFEFFERREIS)

Der seldschukische Reisverkäufer wurde Birinc-Furuş genannt.

ZUTATEN

3 Gläser Reis

3 Gläser Wasser

150 Gramm Butter

Pfeffer

Steinsalz

ZUBEREITUNG

- Waschen Sie den Reis mit reichlich Wasser aus, und lassen Sie ihn ca. eine Stunde in heißem Wasser ruhen.
- Nehmen Sie ihn dann aus dem Wasser, und braten Sie ihn in einer großen Pfanne mit der Hälfte der Butter fünf Minuten lang an.
- Fügen Sie dem angebratenen Reis die drei Gläser Wasser und das Salz hinzu, dann verringern Sie die Wärmezufuhr.
- Sobald der Reis das Wasser vollständig aufgenommen hat, nehmen Sie die Pfanne vom Herd.
- Streuen Sie anschließend den Pfeffer über den Reis.
- Nehmen Sie eine andere Pfanne zur Hand, und braten Sie darin die Butter an.
- Schütten Sie sie über den Reis, und verschließen Sie dessen Pfanne mit einem Deckel.
- Lassen Sie den fertigen Reis 10 Minuten ruhen, und servieren Sie ihn.

ŞALGAM TURŞUSU
(EINGELEGTE RÜBEN)

ZUTATEN

1 Kilo Rüben

5 Gläser Wasser

1 Glas Essig

2 Zehen Knoblauch

1 Teelöffel Senf

1 Esslöffel Steinsalz

ZUBEREITUNG

- Waschen Sie die Rüben, und schneiden Sie sie in einen Zentimeter dicke Scheiben.
- Geben Sie sie in einen Topf mit Wasser, und lassen Sie sie aufkochen.
- Nehmen Sie anschließend den Topf von der Flamme, und lassen Sie ihn eine Stunde lang ruhen.
- Dem dann nur noch lauwarmen Wasser fügen Sie den Essig, das Salz, den Senf und den Knoblauch hinzu.
- Füllen Sie das Ganze mit einer Kelle in einen großen Glasbehälter um, und verschließen Sie ihn.
- Servieren Sie die Speise erst nach 15 Tagen.

BORANİ

(KRÄUTERJOGHURT MIT KNOBLAUCH)

Die Seldschuken bezeichneten ihre Feld- und Gartenarbeiter als Bağbanlar, während es für gewöhnliche Bauern unterschiedliche Begriffe gab: Bezger, Ehl-i Zer, El-Zurra, Muzari'a oder auch Fellah.

ZUTATEN

1 Kilo Wildkräuter (zum Beispiel Malve, Sauerampfer)

1 Zwiebel

1 Teeglas Olivenöl

1 Schale Joghurt

3 Zehen Knoblauch

Steinsalz

ZUBEREITUNG

- Waschen Sie die Wildkräuter zuerst gründlich.
- Dann kochen Sie sie fünf Minuten lang, bevor Sie sie aus dem Wasser sieben.
- Braten Sie die kleingehackten Zwiebeln mit Olivenöl in einer Pfanne an.
- Fügen Sie ihnen die Kräuter hinzu, und braten Sie das Ganze zusammen 10 Minuten lang.
- Geben Sie das Salz hinzu, und nach weiteren 10 Minuten Braten nehmen Sie die Pfanne vom Herd.
- Rühren Sie den zerkleinerten Knoblauch in den Joghurt ein.
- Geben Sie den Joghurt zum Schluss über die Zwiebeln und die Kräuter, und servieren Sie ihn.

SİRKELİ PATLICAN

(AUBERGINE IN ESSIG)

ZUTATEN

2 Kilo Auberginen

½ Glas Olivenöl

6 Esslöffel Essig

Steinsalz

ZUBEREITUNG

- Grillen Sie die Auberginen über Holzkohle.
- Währenddessen verrühren Sie in einer Schale den Essig, das Olivenöl und das Salz miteinander.
- Schälen Sie nun die gegrillten Auberginen, und zermalmen Sie sie mit einem Holzstampfer auf einem Brettchen.
- Legen Sie anschließend die zerstoßenen Auberginen auf einen tiefen Teller.
- Gießen Sie die Essig-Öl-Salz-Mischung über die Auberginen, und servieren Sie sie.

GİRDE EKMEĞİ

(FLADENBROT)

ZUBEREITUNG

- Schütten Sie das Salz in das Mehl, und mischen Sie es unter.
- Formen Sie in der Mitte des Mehlhaufens einen Krater, gießen Sie langsam Wasser hinein, und kneten Sie den Teig.
- Wenn der Teig angemessen fest geworden ist, legen Sie ein feuchtes Tuch darüber und lassen ihn 10 Minuten ruhen. Anschließend kneten Sie erneut.
- Wiederholen Sie diese Prozedur drei Mal.
- Dann teilen Sie den Teig in Stücke von der Größe einer Faust.
- Rollen Sie die Stücke mit einem Nudelholz auf einem Holzbrett aus.
- Achten Sie darauf, dass die Stücke rund und höchstens zwei bis drei Millimeter dick sind.
- Backen Sie sie nun, indem Sie den dünnen Teig entweder in der Pfanne auslegen oder an die Wände eines Steinofens kleben.

Die Seldschuken hatten vier Wörter für den Bäckerberuf: Habbaz, Nanba, Nan-Pez und Nan-va.

ZUTATEN

2 Kilo Mehl

1 Teelöffel feines Steinsalz

reichlich Wasser

BORANİ MIT SPINAT UND BULGUR

ZUTATEN

1 Kilo Spinat

1 Zwiebel

1 Teeglas Bulgur

1 Teeglas Olivenöl

1 Teeglas Wasser

1 Schale Joghurt

3 Zehen Knoblauch

ZUBEREITUNG

- Waschen Sie den Spinat gut, und schneiden Sie ihn klein.
- Braten Sie die kleingehackte Zwiebel mit dem Olivenöl in der Pfanne an.
- Fügen Sie den Spinat hinzu.
- Nachdem der Spinat in sich zusammengefallen ist, geben Sie das Salz, den Bulgur und das Wasser dazu.
- Rühren Sie das Ganze gut um, und verschließen Sie die Pfanne mit einem Deckel.
- Lassen Sie es 20 Minuten auf kleiner Flamme köcheln.
- Verrühren Sie den Joghurt mit den zerkleinerten Knoblauchzehen, dann geben Sie ihn in die Pfanne und servieren das Borani.

MERCİMEK YEMEĞİ

(LINSENGERICHT)

ZUTATEN

½ Kilo rote Linsen

6 Gläser Wasser

2 Zwiebeln

½ Glas Olivenöl

5 Zehen Knoblauch

Steinsalz

ZUBEREITUNG

- Waschen Sie die Linsen gut aus, und geben Sie sie in einen Topf.
- Schütten Sie das Wasser darüber und lassen es aufkochen.
- Dabei entsteht Schaum, den Sie mit einer Kelle abschöpfen und entfernen.
- Fügen Sie das Salz hinzu, und verringern Sie die Wärmezufuhr.
- Zerhacken Sie die Zwiebeln, und braten Sie sie in einer Pfanne mit Olivenöl an.
- Zerstoßen Sie die fünf Knoblauchzehen in einem Mörser.
- Kurz bevor die Linsen durchgekocht sind (sie nehmen dann eine breiförmige Konsistenz an), geben Sie den Knoblauch und die Zwiebeln hinzu und nehmen den Topf von der Flamme.
- Legen Sie einen Deckel auf den Topf, und lassen Sie ihn fünf Minuten ruhen.
- Anschließend servieren Sie das Gericht.

BAZLAMAÇ

(GEBACKENE TEIGBLÄTTER)

Auch diese Art von Brot erfreute sich bei den Seldschuken größter Beliebtheit. Von dem Teig wurde immer ein Teil für den nächsten Tag zur Seite gelegt, der dann ohne weitere Vorbereitungen gebacken werden konnte. Vermutlich waren die Teilchen auch mit Käse, Hackfleisch oder Kräutern gefüllt.

ZUTATEN

5 Gläser Mehl

3 Gläser Wasser

feines Steinsalz

ZUBEREITUNG

- Geben Sie ein Glas Mehl in eine Schüssel.
- Schütten Sie ein Teeglas heißes Wasser darüber, und verrühren Sie es mit dem Mehl.
- Lassen Sie die Mischung eine Nacht in der Küche ruhen.
- Am Morgen fügen Sie dem Teig das Salz und die restlichen Zutaten hinzu und kneten ihn ordentlich durch.
- Wenn er angemessen fest geworden ist, teilen Sie ihn in Stücke.
- Rollen Sie diese Stücke mit einer Nudelrolle zu 1 Zentimeter dicken runden Fladen mit ca. 20 Zentimetern Durchmessern aus.
- Backen Sie diese Stücke in der Pfanne oder im Steinofen, und servieren Sie sie.

BÖREK

(PASTETEN)

ZUTATEN:

Für den Teig:

4 Gläser Mehl

2½ Gläser Wasser

1 Teelöffel feines Steinsalz

Butter

Für die Füllung:

½ Kilo Spinat

2 Zwiebeln

200 Gramm in eigenem Fett gebratenes Lammfleisch (Kuzu kavurma)

2 Esslöffel Butter

Pfeffer

Steinsalz

ZUBEREITUNG:

- Schütten Sie das Mehl in eine Schüssel, und mischen Sie das Salz unter.
- Formen Sie in der Mitte der Schüssel eine Kuhle, in die Sie das Wasser geben, und beginnen Sie zu kneten.
- Kneten Sie den Teig durch, bis er formbar und geschmeidig geworden ist, dann teilen Sie ihn in fünf Stücke.
- Bedecken Sie jedes der fünf Teigstücke mit einem feuchten Tuch, und lassen Sie sie ruhen.
- Waschen Sie den Spinat gut aus, und schneiden Sie ihn klein.
- Zerhacken Sie die Zwiebeln.
- Geben Sie das gebratene Lammfleisch mit der Butter und den Zwiebeln zusammen in die Pfanne, und braten Sie es fünf Minuten an.
- Fügen Sie anschließend den klein geschnittenen Spinat, das Salz und den Pfeffer hinzu, und lassen Sie das Ganze noch eine Zeitlang weiterbraten, bis sich alle Zutaten mit dem Spinat vermischt haben.
- Danach nehmen Sie die Pfanne vom Herd und schütten diese Füllung in eine Schüssel. Dort lassen Sie sie abkühlen.
- Währenddessen rollen Sie die Teigstückchen mit einer Nudelrolle auf die Größe eines Fladenbrotes aus (d.h.: ca. 40 Zentimeter Durchmesser).
- Verteilen Sie die abgekühlte Füllung auf die Teigstücke, und schütten Sie sie jeweils in die Mitte des Teigs. Dann falten Sie die Teigstücke wie einen Brief in der Mitte zusammen.
- Erhitzen Sie die Pfanne, und fetten Sie sie mit Butter ein.
- Braten Sie die Teigstücke mit der Füllung von beiden Seiten in der Pfanne an, und bestreichen Sie sie währenddessen immer wieder mit Butter.
- Servieren Sie die fertigen Pasteten warm.

KULİCE SİMİT

(KULICE-RINGE)

ZUTATEN

Für die Hefe:

1 Glas Gerstenmehl

1 Glas Wasser (50°C)

Für den Teig:

2 Gläser reines Weizenmehl

1 Esslöffel Butter

reichlich Wasser

feines Steinsalz

ZUBEREITUNG

- Verrühren Sie das Gerstenmehl mit dem Wasser.
- Decken Sie den entstandenen Teig ab, und lassen Sie ihn eine Nacht ruhen.
- Dann fügen Sie das Weizenmehl, die Butter und das Salz hinzu und kneten das Ganze gut durch.
- Schütten Sie je nach Bedarf Wasser zu.
- Wenn der Teig eine formbare, geschmeidige Konsistenz angenommen hat, teilen Sie ihn in kleine Stücke, die sie anschließend zu kleinen Würsten von ca. 30 Zentimetern Länge ausrollen.
- Befeuchten Sie die beiden Enden jeweils mit Wasser, und kleben Sie sie wie einen Ring zusammen.
- Backen Sie die Ringe entweder im Steinofen oder im Backofen bei 180 Grad.
- Servieren Sie sie warm.

KABAK KALYESİ

(KÜRBISEINTOPF)

ZUTATEN

2 Kilo Flaschenkürbis

2 Gläser gekochte Kichererbsen

2 Zwiebeln

½ Teeglas Verjus (saurer Traubensaft)

2 Esslöffel getrocknete Minze

1 Schale Butter

Wasser

Pfeffer

Steinsalz

ZUBEREITUNG

- Schneiden Sie die Flaschenkürbisse in mittelgroße Würfel, und legen Sie sie in einen Topf.
- Fügen Sie so viel Wasser hinzu, dass die Kürbisstücke vollständig bedeckt sind.
- Bringen Sie das Wasser zum Kochen.
- Schütten Sie die Kichererbsen, das Salz und den Pfeffer ins Wasser.
- Lassen Sie das Ganze ca. 30 Minuten vor sich hin köcheln.
- Schütten Sie den Verjus hinzu, dann nehmen Sie den Topf von der Flamme.
- Braten Sie die Minze mit der Butter in einer Pfanne an.
- Gießen Sie den Inhalt der Pfanne in den Topf.
- Verschließen Sie den Topf mit einem Deckel, lassen Sie ihn 10 Minuten ruhen, und servieren Sie anschließend das Gericht.

PASTIRMA

(KADİD/DÖRRFLEISCH)

Aufzeichnungen zufolge hängten die Seldschuken ihr Dörrfleisch zum Trocknen unter anderem in Bäume.

ZUTATEN

je nach Bedarf 1 bis 5 Kilo Rindfleisch

Für die Gewürzpaste (Çemen):

rotes Paprikapulver

Bockshornklee

Steinsalz

Kümmel

Wasser

ZUBEREITUNG

- Salzen Sie das Fleisch, und hängen Sie es an einem trockenen, vor Sonneneinstrahlung geschützten Ort zum Pökeln auf.
- Lassen Sie das Fleisch dort 10 Tage lang trocknen.
- Waschen Sie es dann, und legen Sie es anschließend zwischen zwei schwere Steine.
- In dieser Presse bleibt es drei Tage liegen.
- Dann hängen Sie es erneut für 10 Tage zum Trocken auf.
- Rühren Sie die Zutaten für die Gewürzpaste zu einem Teig zusammen.
- Reiben Sie die Gewürzpaste in die Oberfläche des Fleischs ein.
- Hängen Sie es ein letztes Mal zum Trocknen auf.
- Nach sechs Tagen können Sie es servieren.

SIMSARMAK

(GEFÜLLTER SCHAFSDARM)

Die Seldschuken nannten ihre Metzger Kassab oder Sellah.

ZUTATEN

1 Kilo Leber

1 Kilo fettiges Lammfleisch

½ Kilo Lammfett (Kuyruk yağı)

20 Zehen Knoblauch

Zimt

Pfeffer

Senf

Steinsalz

ca. 2 Meter Schafsdärme

ZUBEREITUNG

- Drehen Sie zunächst die Leber durch den Fleischwolf.
- Anschließend drehen Sie das Lammfleisch und das Lammfett zusammen durch den Fleischwolf.
- Dann vermischen Sie die beiden Substanzen miteinander.
- Zerstoßen Sie die Knoblauchzehen unter Hinzufügung von Salz in einem Mörser.
- Geben Sie den Knoblauch und die Gewürze zum Fleisch.
- Verrühren Sie alles gut.
- Stopfen Sie die Mischung mit Hilfe eines Trichters in die Schafsdärme.
- Lagern Sie die gefüllten Därme eine Woche lang in kühler Umgebung.
- Braten Sie sie dann mit oder ohne Öl, und genießen Sie sie.

SİRKELİ CİĞER

(LEBER IN ESSIG)

ZUTATEN

1 Kilo Leber

1 Teelöffel Senf

8 Esslöffel Essig

250 Gramm Lammfett (Kuyruk yağı)

Zimt

Pfeffer

Steinsalz

ZUBEREITUNG

- Schneiden Sie die Leber mit einem scharfen Messer in Stücke.
- Schneiden Sie auch das Lammfett in Stücke
- Geben Sie das Fett in die Pfanne, und lassen Sie es schmelzen.
- Dann fügen Sie die Leber hinzu.
- Wenn das aus ausgetretene Wasser komplett verdunstet ist, fügen Sie den Essig, den Senf und Zimt, Pfeffer und Salz hinzu.
- Braten Sie alles zusammen weitere 20 Minuten lang, und rühren Sie währenddessen mehrmals um.
- Servieren Sie die Speise mit Fladenbrot (Girde ekmeği) und rohen Zwiebeln.

MERCİMEKLİ ŞEKERLİ TİRİT

(BROTGERICHT MIT LINSEN UND ZUCKER)

Ibn Battuta, ein arabischer Forschungsreisender des 14. Jahrhunderts, berichtete, dass dieses Gericht vor allem bei Festen auf den Tisch kam.

ZUTATEN

2 Gläser grüne Linsen

8 Scheiben altes Brot

ausreichend Wasser

1 Glas Zucker

Zimt

ZUBEREITUNG

- Kochen Sie die Linsen 25 Minuten lang mit viel Wasser auf, bis sie ihre dunkle Farbe verloren haben.
- Sieben Sie sie dann heraus, und lassen Sie sie abtropfen. Dann kochen Sie sie noch einmal mit reichlich Wasser auf.
- Schneiden Sie das alte Brot in Scheiben, und verteilen Sie es auf mehrere Schälchen.
- Verteilen Sie dann auch die Linsen mitsamt der Flüssigkeit und den Zucker gleichmäßig auf die Schälchen.
- Streuen Sie Zimt darüber, und servieren Sie die Suppe.

BULAMAÇ

(ZUCKERBREI)

ZUTATEN

2 Gläser Mehl

1 Schale Butter

1 Glas Zucker

ZUBEREITUNG

- Braten Sie das Mehl in der Butter an.
- Wenn es braun wird, fügen Sie den Zucker hinzu.
- Sobald der Zucker geschmolzen ist, nehmen Sie die Pfanne von der Flamme.
- Servieren Sie den Brei, und stellen Sie Brot zum Hineintunken auf den Tisch.

- III -
GERICHTE ZUM FESTMAHL

NOHUTLU YAHNİ

(KICHERERBSEN-FRIKASSEE)

Frikassee wurde bei den Seldschuken nicht nur mit Kichererbsen und Lamm, sondern auch mit Petersilie, Huhn, Knoblauch und Kümmel zubereitet.

ZUTATEN

1 Kilo Lammfleisch in Würfeln

2 Gläser Kichererbsen

8 Gläser Wasser

50 Gramm Butter

2 Zwiebeln

Pfeffer

Steinsalz

ZUBEREITUNG

- Legen Sie die Kichererbsen in der Nacht zuvor schon in Wasser ein.
- Geben Sie die Butter in einen Topf, und lassen Sie sie auf großer Flamme schmelzen.
- Fügen Sie das Lammfleisch und die kleingehackten Zwiebeln hinzu.
- Würzen Sie das Fleisch während des Bratens mit Salz und Pfeffer.
- Braten Sie es ca. 15 Minuten lang, und wenden Sie es dabei gelegentlich.
- Dann schütten Sie das Wasser und die Kichererbsen in den Topf und verringern die Wärmezufuhr.
- Lassen Sie das Ganze ungefähr 1½ Stunden lang köcheln, und servieren Sie es.

BALIK TANDIR

(FISCH AUS DEM OFEN)

ZUTATEN

Fisch aus dem See von Beyşehir (beliebiger Süßwasserfisch)

1 Zwiebel

3 Esslöffel Essig

1 Esslöffel Butter

Steinsalz

ZUBEREITUNG

- Säubern Sie den Fisch, befreien Sie ihn von Gräten, und zerteilen Sie ihn in kleine Stücke.
- Legen Sie die Stücke auf ein Backblech.
- Fügen Sie Salz, Essig, Butter und die grob zerhackten Zwiebeln hinzu.
- Verteilen Sie die Zutaten auf dem Blech, und backen Sie das Ganze 30 Minuten bei 170 Grad im Ofen.
- Servieren Sie den Fisch.

PATLICANLI ÇÖMLEK KEBABI

(KEBAB MIT AUBERGINEN IM TONGEFÄSS)

ZUTATEN

1 Kilo Auberginen

½ Kilo Lammfleisch in Würfeln

250 Gramm Lammfett (Kuyruk yağı)

2 Zwiebeln

10 grüne Pflaumen

15 Zehen Knoblauch

1 Glas Wasser

Steinsalz

ZUBEREITUNG

- Schneiden Sie das Fett mit einem Messer in Stücke.
- Geben Sie das Fett und das Fleisch in einen Tontopf, und braten Sie es ca. eine halbe Stunde lang bei geringer Wärmezufuhr. Rühren Sie dabei häufiger um.
- Währenddessen schneiden Sie die Zwiebeln in grobe Stücke.
- Schälen Sie die Auberginen, und schneiden Sie auch sie in grobe Stücke. Dann reiben Sie die Stücke mit Salz ein und waschen sie anschließend.
- Geben Sie die Zwiebeln zu dem Fleisch in den Topf, und braten Sie beides weitere 10 Minuten lang.
- Nun schütten Sie den Knoblauch, die Auberginenstücke, die Pflaumen und das Salz dazu.
- Verschließen Sie den Topf mit einem Deckel.
- Lassen Sie das Fleisch auf kleiner Flamme eine weitere Stunde lang köcheln.
- Am Ende muss es noch 10 Minuten lang ruhen, bevor Sie es servieren können.

HERİSE

(FLEISCHBREI)

Für die Zubereitung von Herise war bei den Seldschuken der Herras zuständig.

ZUTATEN

½ Kilo getrockneter Weizen

½ Kilo Lammgeschnetzeltes oder Hähnchengeschnetzeltes

10 Gläser Wasser

ausreichend Butter

Steinsalz

Löffel aus Buchenholz oder Orangenbaumholz

ZUBEREITUNG

- Legen Sie den Weizen eine Nacht vorher in Wasser ein.
- Stellen Sie das geschnetzelte Fleisch in gesalzenem Wasser auf die Flamme.
- Lassen Sie es 1½ Stunden lang kochen, und gießen Sie das Wasser dann ab.
- Schütten Sie den Weizen hinzu.
- Bei geringer Wärmezufuhr lassen Sie das Ganze eine weitere Stunde kochen. Dabei entsteht eine Pampe. Bei Bedarf geben Sie Wasser hinzu.
- Wenn das Fleisch beginnt, das Wasser aufzunehmen, klopfen Sie mit dem Holzlöffel oder mit einem Fleischhammer darauf (möglicherweise bis zu einer Stunde).
- Wenn die Herise zähflüssig geworden ist, nehmen Sie sie vom Herd, und schütten Sie sie auf einen Teller.
- Formen Sie in der Mitte der Herise eine Kuhle, in die Sie die Butter gießen, die Sie zuvor angebraten haben, und servieren Sie.

HASSETTEN LOKMA

(REIS MIT FLEISCH UND GEMÜSE)

ZUTATEN

1 Kilo Möhren

1 Kilo Lammfleisch in Würfeln

2 Gläser gekochte Kichererbsen

1 Schälchen geschälte Esskastanien

1 Zwiebel

4 Gläser Reis

6 Esslöffel Butter

4 Gläser Wasser oder Fleischbrühe

Pfeffer

Steinsalz

ZUBEREITUNG

- Waschen Sie den Reis gründlich mit viel Wasser aus.
- Dann legen Sie ihn ca. eine Stunde lang in heißes Wasser.
- Während der Reis im Wasser ruht, schälen Sie die Möhren und schneiden sie in kleine längliche Stücke.
- Hacken Sie nun die Zwiebel klein.
- Braten Sie das Fleisch mit der Hälfte der Butter in einem Topf an.
- Lassen Sie den Topf ca. 45 Minuten lang auf kleinster Flamme auf dem Herd.
- Dann geben Sie die Möhren, die Zwiebeln und die Kastanien hinein.
- Wenn die Möhren langsam weich werden, fügen Sie auch den Reis, den Sie zuvor aus dem Wasser genommen haben, und die Kichererbsen sowie nach Bedarf Wasser und Salz hinzu, und braten das Ganze weitere fünf Minuten.
- Bedecken Sie den Topf mit einem Deckel, und lassen Sie ihn auf kleinster Flamme auf dem Herd.
- Nehmen Sie ihn nach 20 Minuten von der Flamme. Braten Sie in einer anderen Pfanne die Butter an, und geben Sie sie anschließend über den Reis.
- Lassen Sie den Reis dann noch 10 Minuten ruhen, und servieren Sie das Gericht mit Pfeffer.

BÜRYAN

(GEDÜNSTETES LAMM)

In alten Quellen tragen die seldschukischen Köche, die für die Zubereitung von Biryan zuständig waren, den Namen Biryanger.

ZUTATEN

1 Lamm

Brot

Steinsalz

Holz oder Kohle

Kupferschüssel

ZUBEREITUNG

- Teilen Sie das Lamm zunächst in zwei Hälften.
- Graben Sie ein ca. 1½ m tiefes Loch.
- Schichten Sie etwas Holz oder Kohle darin auf, und zünden Sie es an.
- Warten Sie, bis das Holz bis auf die Glut heruntergebrannt ist.
- Stellen Sie eine mit Wasser gefüllte Kupferschüssel direkt in die Glut.
- Binden Sie die beiden Lammhälften auf einen Schwenkrost, lassen Sie den Rost in das • Loch hinab, und hängen Sie ihn an einer Eisenstange auf, die Sie quer über das Loch legen. Der Rost sollte mit etwas Abstand frei über der Glut schweben.
- Verschließen Sie anschließend das Loch mit einem Metalldeckel oder Ähnlichem, und lassen Sie das Fleisch ca. drei Stunden garen.
- Das Wasser im Graben sorgt dafür, dass das Fett nicht aufs Feuer tropft und keine Rauchentwicklung stattfindet. Es macht das Fleisch außerdem schön saftig.
- Holen Sie das Lamm nach drei Stunden aus dem Loch, und servieren Sie es mit Salz und Bot.

TİRİT

(BROTGERICHT)

ZUTATEN

8 Scheiben altes Fladenbrot

4-5 Stücke Knochen oder Haxen vom Lamm oder Schaf (Paça)

7 Gläser Wasser

2 Schälchen Joghurt mit einem Fettgehalt von 10%

12-20 Blätter frische Minze

5 Zehen Knoblauch

Pfeffer

Steinsalz

ZUBEREITUNG

- Legen Sie die Knochen oder Haxen in einen Topf, und fügen Sie das Wasser, den Pfeffer und das Salz hinzu.
- Lassen Sie das Ganze bei mittlerer Hitze ca. 2 Stunden lang kochen.
- Schneiden Sie das Brot in kleine Stücke, die Sie gleichmäßig auf die Schälchen verteilen.
- Zerstampfen Sie den Knoblauch, und vermischen Sie ihn mit dem Joghurt.
- Nehmen Sie die Knochen oder Haxen aus dem Wasser.
- Schütten Sie anschließend die Brühe über das Brot.
- Gießen Sie dann den Joghurt darüber.
- Servieren Sie das Gericht mit der Minze.

ATEŞTE KUZU

(ÜBER OFFENER FLAMME GEGRILLTES LAMMFLEISCH)

ZUTATEN

1 Lamm

Steinsalz

Brennholz oder Holzkohle

ZUBEREITUNG

- Entfachen Sie mit Brennholz ein Feuer.
- Reiben Sie das Lamm gut mit Steinsalz ein.
- Legen Sie über dem Feuer einen Drehspieß an.
- Befestigen Sie das Lamm an dem Spieß, sodass das Fleisch mindestens einen halben Meter über dem Feuer hängt.
- Grillen Sie das Fleisch ca. drei Stunden lang über dem Feuer, indem Sie den Spieß gelegentlich drehen.
- Servieren Sie das gegrillte Lamm auf einem Blech, das Sie mitten auf den Tisch stellen.

SÖĞÜLME TAVUK

(GEBACKENES HUHN)

Anstelle eines Huhns nahmen die Seldschuken gern auch Gans, Wild oder Truthahn. Vor allem Wild hatte es ihnen angetan.

ZUTATEN

1 ganzes Huhn

50 Gramm Butter

Zimt

Pfeffer

Steinsalz

ZUBEREITUNG

- Reiben Sie das Huhn, ggf. nach Entnahme der Innereien, mit dem Salz und den Gewürzen ein.
- Fetten Sie ein Backblech mit reichlich Butter ein.
- Legen Sie das Huhn auf die Platte, und schieben Sie sie in den Stein- oder Backofen.
- Backen Sie das Huhn bei mittlerer Temperatur (170 Grad) eine Stunde lang.
- Servieren Sie es mit Fladenbrot (Girde ekmegi) oder Lavaş ekmek.

KALYA-İ PİRİNCİ

(REIS MIT GEBRATENEM FLEISCH)

ZUTATEN

1 Lammschulter (Kuzu kol)

250 Gramm Lammfett (Kuyruk yağı)

4 Gläser Reis

6 Gläser Wasser

200 Gramm Butter

Pfeffer

Steinsalz

ZUBEREITUNG

- Befreien Sie die Lammschulter von den Sehnen, und schneiden Sie sie dann zu kleinen Würfeln zurecht.
- Zerteilen Sie das Fett in kleine Stücke.
- Geben Sie das Fett in die Pfanne, und lassen Sie es schmelzen.
- Fügen Sie das Lammfleisch hinzu, sobald das Fett zu schmelzen beginnt.
- Braten Sie es ca. eine Stunde lang, und wenden Sie es dabei häufiger.
- Kurz bevor das Fleisch durchgebraten ist, fügen Sie Salz hinzu.
- In der Zwischenzeit waschen Sie den Reis mit viel Wasser aus.
- Braten Sie den Reis in einem Topf mit einem Esslöffel Butter an.
- Nach fünf Minuten geben Sie Wasser und Salz hinzu.
- Wenn das Wasser kocht, verringern Sie die Wärmezufuhr.
- Sobald der Reis das Wasser komplett aufgesogen hat, lassen Sie ihn 15 Minuten lang ruhen.
- Die restliche Butter lassen Sie in einer Pfanne schmelzen und gießen sie über den Reis, während er noch ruht.
- Anschließend servieren Sie Reis und Fleisch zusammen.

ŞİŞTE KEKLİK YA DA BILDIRCIN

(REBHUHN ODER WACHTELN AM SPIESS)

Wachteln oder Rebhühner ersetzten die Seldschuken auch durch andere Vögel, vor allem durch Jungtiere.

ZUTATEN

4 Wachteln oder Rebhühner

1 Esslöffel Butter

Pfeffer

Steinsalz

ZUBEREITUNG

- Rupfen Sie die Tiere sorgfältig, und entnehmen Sie ihnen die Innereien.
- Reiben Sie sie mit Butter, Salz und Pfeffer ein.
- Befestigen Sie sie auf den Spießen.
- Nachdem das Feuer bis auf die Glut heruntergebrannt ist, legen Sie im Abstand von ca. 10 Zentimetern einen Rost und die Spieße darauf.
- Grillen Sie die Spieße 45 Minuten lang unter gleichmäßigem Drehen.

BAŞ [KELLE]

(SCHAFSKOPF)

Die Köche, die dieses Gericht zubereiteten, hießen bei den Seldschuken Revvas, was so viel bedeutete wie Schädelsuppenmacher.

ZUTATEN

1 gesäuberter Schafskopf

½ Teeglas Essig

1 Zehe Knoblauch

ausreichend Wasser

Pfeffer

Steinsalz

ZUBEREITUNG

- Entzünden Sie ein Feuer mit Holz oder Kohle.
- Legen Sie den Schafskopf in einen Kessel mit Wasser. Er muss ganz mit Wasser bedeckt sein.
- Sobald das Feuer nicht mehr ganz so heiß brennt, stellen Sie den Kessel mindestens 3 Stunden lang in die Glut.
- Dann holen Sie den Schafskopf aus dem Wasser und zupfen die Fleischstücke ab.
- Legen Sie die Fleischstücke in einen Topf mit Wasser, und erhitzen Sie es.
- Zerstoßen Sie die Knoblauchzehe mit etwas Salz im Mörser.
- Geben Sie den Knoblauch, den Essig und das Pfeffer zum Fleisch, und servieren Sie das Gericht warm.

TAVUK KEBABI

(HÄNCHEN-KEBAB)

Der Kebab-Bräter hieß bei den Seldschuken Şevva.

ZUTATEN

1 gerupftes Huhn

6 Esslöffel Essig

Pfeffer

Steinsalz

ZUBEREITUNG

- Schneiden Sie das Huhn mit einem Messer in kleine Stücke.
- Legen Sie die Stücke in eine Schüssel.
- Mischen Sie Essig, Pfeffer und Salz, und reiben Sie die Stücke mit dieser Mischung ein.
- Dann lassen Sie sie eine Stunde lang ruhen.
- Entzünden Sie währenddessen ein Kohlenfeuer.
- Wenn das Feuer bis auf die Glut heruntergebrannt ist, legen Sie die Hähnchenstücke direkt in die Glut und braten sie von beiden Seiten jeweils 5 Minuten an.
- Bringen Sie sie direkt vom Feuer auf den Tisch.

PAÇA
(HAXEN)

Der seldschukische Koch aus unserer Geschichte hat uns ja bereits verraten, dass die Seldschuken gern Paça aßen. Sie bereiteten dieses Gericht mit reichlich Wasser zu, das sie anschließend zur Zubereitung von Tirit (Brotgericht) weiter verwendeten. Paça-Köche wurden bei den Seldschuken Revvas genannt.

ZUTATEN

10 Haxen vom Lamm oder Schaf

5 Zehen Knoblauch

10 Esslöffel Essig

Wasser

Steinsalz

ZUBEREITUNG

- Legen Sie die Haxen in einen Topf, und füllen Sie ihn mit Wasser auf.
- Entfachen Sie ein Holzfeuer, das Sie die Nacht über brennen lassen.
- Stellen Sie den Topf in die Glut, und lassen Sie ihn bis zum Morgen köcheln.
- Am Morgen zerstoßen Sie das Salz und den Knoblauch im Mörser.
- Gießen Sie den Essig darüber, und rühren Sie mit einem Löffel um.
- Nehmen Sie die Haxen aus dem Wasser.
- Gießen Sie das Dressing über die Haxen, und servieren Sie sie.

BEYİN

(HIRN)

Bei den Seldschuken galt das Gehirn als das wertvollste Organ eines Tieres. Deshalb wurde es vornehmlich ranghohen Gästen serviert.

ZUTATEN

Gekochter Schafskopf (Haşlanmış kelle)

Zitronensaft

Pfeffer

Steinsalz

ZUBEREITUNG

- Spalten Sie den gekochten Schädel mit einer Axt in zwei Teile.
- Entnehmen Sie ihm das Hirn, und legen Sie es auf einen Servierteller.
- Streuen Sie Pfeffer darüber.
- Servieren Sie es mit Zitronensaft und Salz.

SİH-İ KEBAP

(LAMM VOM DREHSPIESS)

Neben dem Sih-i, dem Spieß für Kebab, gab es bei den Seldschuken auch den Bab-Zen-Spieß. Dieser hatte Ähnlichkeit mit den in der türkischen Küche von heute gebräuchlichen flachen, eckigen Spießen.

ZUTATEN

1 Kilo Lammfleisch in Stücken

250 Gramm Lammfett (Kuyruk yağı)

5 Esslöffel Essig

2 Zwiebeln

Steinsalz

Fladenbrot

ZUBEREITUNG

- Reiben Sie das Lammfleisch mit Salz und Essig ein.
- Fädeln Sie es mit dem Lammfett im Wechsel auf die Spieße.
- Zünden Sie ein Holzkohlefeuer an, und warten Sie, bis es bis auf die Glut heruntergebrannt ist.
- Legen Sie die Spieße auf einen Rost.
- Schneiden Sie die Zwiebeln in Viertel.
- Servieren Sie die gegrillten Spieße mit dem Fladenbrot und den Zwiebeln.

YAĞLI ÖRDEK

(ENTE IN BUTTER)

Bei den Seldschuken wurde zur Ente in der Regel Bulgur, Yarma (zerriebener Weizen), Reis oder Fladenbrot gereicht.

ZUTATEN

1 Ente

Butter

Steinsalz

ZUBEREITUNG

- Reiben Sie die Ente gründlich mit Salz ein.
- Grillen Sie sie, in einen Drehspieß eingespannt, über dem Holzfeuer.
- Bestreichen Sie sie währenddessen von Zeit zu Zeit mit Butter.*

**Ente kann auch in der Pfanne gebraten oder bei geringer Wärmezufuhr im Steinofen gebacken werden. Salzen nicht vergessen!*

KİMYONLU KEKLİK

(REBHUHN MIT KÜMMEL)

ZUTATEN

4 gerupfte Rebhühner

1 Glas Olivenöl

1 Teelöffel Kümmel

Steinsalz

Fladenbrot

ZUBEREITUNG

- Reiben Sie die Rebhühner mit Salz ein.
- Schütten Sie das Olivenöl in die Pfanne, und erhitzen Sie es.
- Braten Sie die Rebhühner vorsichtig von allen Seiten an, ohne dass das Olivenöl anbrennt.
- Streuen Sie den Kümmel darüber.
- Wenn die Haut der Rebhühner knusprig braun geworden ist, stellen Sie die ganze Pfanne auf den Tisch.
- Sobald das Fett etwas abgekühlt ist, kann das Fladenbrot hinein getunkt werden.

CİĞER KEBABI

(LEBER-KEBAB)

ZUTATEN

1 Lammleber

½ Kilo Lammfett (Kuyruk yağı)

Fladenbrot

Zwiebeln

Steinsalz

glatte Petersilie

ZUBEREITUNG

- Zünden Sie ein Holzkohlenfeuer an.
- Lassen Sie es bis auf die Glut herunterbrennen, und schneiden Sie währenddessen die Leber und das Lammfett in Würfel.
- Fädeln Sie beides im Wechsel auf Spieße.
- Streuen Sie Salz darüber, dann legen Sie sie auf einen Rost (mit ca. 10 Zentimetern Abstand zur Glut) und grillen sie unter regelmäßigem Drehen.
- Schneiden Sie die Zwiebeln in Viertel oder Achtel.
- Servieren Sie die gegrillten Spieße mit dem Fladenbrot, der Petersilie und den Zwiebeln.

KALYA

(GEBRATENE LEBER)

ZUTATEN

1 Lammleber

½ Kilo Lammfett (Kuyruk yağı)

2 Zwiebeln

1 Bund klein gehackte Petersilie

Fladenbrot

Zimt

Steinsalz

ZUBEREITUNG

- Schneiden Sie die Leber und das Lammfett in kleine Stücke.
- Hacken Sie die Zwiebeln klein.
- Legen Sie das Fett in den Topf, und stellen Sie ihn auf den Herd.
- Sobald das Fett geschmolzen ist, fügen Sie zuerst die Zwiebeln und die Leber, dann das Salz und den Zimt hinzu.
- Braten Sie alles eine halbe Stunde lang, bevor Sie auch die Petersilie in den Topf geben.
- Servieren Sie das Gericht mit Fladenbrot.

PATLICAN KALYESİ

(GEBRATENES LAMM MIT AUBERGINEN)

ZUTATEN

5 Auberginen

½ Kilo Lammfleisch in Würfeln

1 Schälchen gekochte Kichererbsen

1 Zwiebel

½ Teeglas Verjus

2 Esslöffel Butter

5 Gläser Wasser

Steinsalz

ZUBEREITUNG

- Braten Sie die Butter und das Fleisch in einem Topf an.
- Hacken Sie die Zwiebeln klein, und geben Sie sie zu dem angebratenen Fleisch.
- Schneiden Sie die Auberginen in fingerbreite Würfel, und salzen und waschen Sie sie dann.
- Danach schütten Sie zuerst diese Würfel zu dem angebratenen Fleisch und anschließend auch das Wasser, das Salz und die Kichererbsen.
- Lassen Sie das Ganze bei geringer Wärmezufuhr ca. eine Stunde lang kochen.
- Kurz bevor das Essen fertig ist, fügen Sie den Verjus hinzu und nehmen den Topf von der Flamme.
- Lassen Sie ihn 10 Minuten ruhen, dann servieren Sie.

FIRIN KEBABI

(OFEN-KEBAB)

Die Keulen wurden bei den Seldschuken auch gedünstet. Ein entsprechendes Gericht trug den Namen Buğlama.

ZUTATEN

1 bis 2 Keulen vom Steinbock

½ Kilo Butter

Fladenbrot

Zwiebeln

Steinsalz

ZUBEREITUNG

- Reiben Sie die Keulen mit Salz ein.
- Legen Sie sie danach in eine Kupferschüssel.
- Streichen Sie die Schüssel um das Fleisch herum großzügig mit Butter aus.
- Stellen Sie sie drei Stunden lang bei 150 Grad in den Ofen.
- Dann holen Sie sie heraus und befreien das Fleisch von den Knochen.
- Bestreichen Sie das Brot mit Butter, und servieren Sie das Gericht mit Zwiebeln.

ETLİ ŞALGAM

(RÜBENKOHL MIT FLEISCH)

ZUTATEN

1 Kilo Lammfleisch in Würfeln

1 Kilo Rübenkohl (Şalgam)

2 Zwiebeln

1 Glas Reis

4 Gläser Wasser

2 Esslöffel Butter

Pfeffer

Zimt

Steinsalz

ZUBEREITUNG

- Braten Sie das Lammfleisch mit der Butter auf kleiner Flamme an.
- Fügen Sie die grob geschnittenen Zwiebeln, Salz, Zimt und Pfeffer hinzu.
- Schälen Sie die Rüben, und waschen Sie sie gut.
- Schneiden Sie sie in Würfel und geben Sie sie ebenfalls in das Fleisch.
- Braten Sie alles zusammen fünf Minuten lang.
- Schütten Sie das Wasser darüber und bringen Sie es zum Kochen.
- Dann verringern Sie die Wärmezufuhr und lassen es eine halbe Stunde köcheln.
- Fügen Sie nun den Reis hinzu und kochen Sie ihn, bis er gar ist.
- Anschließend servieren Sie.

GERDANİYE

Aus dem Sud der Gerdaniye wurde auch Tirit gekocht.

ZUTATEN

2 Lammnacken

eine Prise Zimt

Wasser

Steinsalz

ZUBEREITUNG

- Waschen Sie die Lammnacken gründlich, und legen Sie sie in einen Topf mit Wasser.
- Entfachen Sie ein Holzfeuer, das Sie die Nacht über brennen lassen.
- Stellen Sie den Topf in die Glut, und lassen Sie ihn bis zum Morgen köcheln.
- Am Morgen holen Sie die Nacken aus dem Wasser, würzen sie mit Zimt und Salz und servieren sie.

BALIK TAVA

(FISCH IN DER PFANNE)

ZUTATEN

Fisch aus dem See von Beyşehir (Karpfen),

alternativ: beliebige Süßwasserfische

Mehl

Salz

Öl

ZUBEREITUNG

- Säubern Sie den Fisch, und zerlegen Sie ihn in kleine Stücke.
- Tunken Sie diese Stücke in das Mehl.
- Braten Sie sie dann mit dem Öl in der Pfanne.

Wandfliese aus dem Hamam des Kubad Abad Palasts,
13. Jahrhundert

- IV -
SÜSSSPEISEN

BAL HELVASI

(HONIG-HALWA)

Der Halwa-Koch hieß bei den Seldschuken Helvager.

ZUTATEN

1 Schälchen Butter

1 Schälchen Mehl

1 Schälchen Honig

ZUBEREITUNG

- Geben Sie das Mehl mit der Butter in die Pfanne.
- Braten Sie es bei geringer Temperatur ca. 45 Minuten lang an, und achten Sie darauf, dass es nicht zu dunkel wird.
- Wenn der typische Duft des Mehls verflogen ist und es sich goldbraun gefärbt hat, schütten Sie nach und nach den Honig hinzu.
- Nach kurzer Zeit nehmen Sie die Pfanne vom Herd.
- Servieren Sie das Halwa, wenn es etwas abgekühlt ist.

NİŞASTA HELVASI

(STÄRKE-HALWA)

ZUTATEN

1 1½ Gläser Speisestärke

½ Schälchen Butter

3 Gläser Zucker oder Honig

4 Gläser Wasser

ZUBEREITUNG

- Verrühren Sie die Speisestärke und das Wasser in einer Schüssel.
- Stellen Sie einen Topf auf den Herd, und schütten Sie das Wasser mit der Stärke durch ein Sieb in den Topf.
- Erhitzen Sie das Wasser, und fügen Sie die Butter und den Zucker hinzu.
- Wenn es aufgekocht ist, rühren Sie es ca. 10 Minuten lang immer wieder um, bis es eine puddingähnliche Konsistenz bekommen hat.
- Nehmen Sie anschließend den Topf von der Flamme und lassen ihn ruhen.
- Sie können dieses Halwa warm oder auch kalt servieren.

FISTIKLI HELVA

(PISTAZIEN-HALWA)

ZUTATEN

1 Glas Pistazien

3 Gläser Zucker

1½ Gläser Wasser

2-3 Stückchen Zitronensalz

ZUBEREITUNG

- Erhitzen Sie das Wasser zusammen mit dem Zucker in einem Topf.
- Wenn es kocht, fügen Sie das Zitronensalz hinzu.
- Lassen Sie das Ganze kochen, bis es dickflüssig geworden ist.
- Nehmen Sie den Topf vom Herd, und fügen Sie die Pistazien hinzu.
- Breiten Sie das Halwa auf einer Marmorplatte aus.
- Schneiden Sie es in kleine Stückchen, bevor es ganz ausgekühlt ist.
- Servieren Sie es erst, nachdem es vollständig ausgekühlt ist.

AKİDE ŞEKERİ

(KONFEKT)

Die Hersteller von Süßigkeiten hießen bei den Seldschuken Şeker riz.

ZUTATEN

1 Kilo Zucker

0,3 Liter Wasser

1 weiteres Teeglas Wasser

2 Stücke Zitronensalz

Sesamkörner

ZUBEREITUNG

- Kochen Sie in einem Topf den Zucker mit den 0,3 Litern Wasser auf.
- Fügen Sie das Zitronensalz hinzu.
- Wenn die Mischung dickflüssig geworden ist, formen Sie in der Mitte eine Kuhle, in die Sie dann das Teeglas Wasser schütten.
- Lassen Sie die Mischung weiter kochen, ohne dabei zu rühren, bis der Zucker Klümpchen bildet.
- Entnehmen Sie mit einem Teelöffel einige der Klümpchen, und legen Sie sie in kaltes Wasser.
- Wenn der Zucker darin hart und brüchig wird, hat er die richtige Konsistenz.
- Geben Sie dann die Sesamkörner in den Topf, und verrühren Sie sie.
- Nehmen Sie den Topf vom Herd, und schütten Sie den Inhalt auf eine Marmorplatte.
- Sobald die Mischung nur noch lauwarm ist, formen Sie aus ihr eine längliche Rolle.
- Teilen Sie diese Rolle dann in viele kleine Bröckchen auf.
- Wenn die Bröckchen abgekühlt und hart geworden sind, ist das Konfekt fertig. *

**Es ist wichtig, dass für die Zubereitung ein runder Kupferkessel verwendet wird!*

UN HELVASI

(MEHL-HALWA)

ZUTATEN

1 Glas Mehl

2 Esslöffel Butter

Für den Sirup:

1 Glas Traubensirup oder Honig

2 Gläser Wasser

ZUBEREITUNG

- Geben Sie die Butter in eine Pfanne.
- Fügen Sie das Mehl hinzu, und braten Sie es auf kleiner Flamme ca. eine Stunde lang. Achten Sie darauf, dass es nicht anbrennt.
- Währenddessen rühren Sie für den Sirup das Wasser mit dem Traubensirup bzw. dem Honig zusammen.
- Nach einer Stunde schütten Sie den Sirup nach und nach in die Pfanne.
- Rühren Sie dabei ständig um, damit sich keine Klümpchen bilden.
- Wenn das Gemisch glatt ist und keine Klümpchen mehr vorhanden sind, nehmen Sie die Pfanne vom Herd.
- Servieren Sie nach Wunsch warm oder kalt.

MEMNUNIYE

(GRIESS-HALWA)

ZUTATEN

2 Gläser Grieß

1 Schälchen Butter

Für den Sirup:

1 Glas Traubensirup oder Honig

2 Gläser Wasser

ZUBEREITUNG

- Geben Sie die Butter in eine Pfanne.
- Fügen Sie den Grieß hinzu, und braten Sie ihn ca. eine halbe Stunde lang auf kleiner Flamme.
- Währenddessen rühren Sie für den Sirup das Wasser mit dem Traubensirup bzw. dem Honig zusammen.
- Nach einer halben Stunde schütten Sie die Mischung langsam in die Pfanne.
- Lassen Sie das Ganze weitere 10 Minuten kochen, bevor Sie die Pfanne vom Herd nehmen.
- Legen Sie anschließend einen Deckel auf die Pfanne.
- Lassen Sie das Halwa 20 Minuten lang ruhen, und servieren Sie es dann.

NÖBET ŞEKERİ

(KANDIS ZUCKER)

Die Süßigkeitenverkäufer wurden bei den Seldschuken Şeker-furuş genannt.

ZUTATEN

Zucker

Wasser

Kandiszuckerkessel

Baumwollfaden

Leinensäcke

Gips

ZUBEREITUNG

- Kandiszuckerkessel sind Kessel mit winzigen Löchern. Durch diese Löcher spannen Sie Baumwollfäden auf die jeweils andere Seite des Kessels.
- Verschließen Sie die Löcher anschließend von außen mit Gips, damit der Zucker nicht daraus fließen kann.
- Kochen Sie nun in einem gewöhnlichen Topf das Wasser mit dem Zucker so lange, bis die Flüssigkeit eine dunkle Färbung angenommen hat.
- Dann schütten Sie sie in den Kandiszuckerkessel
- Legen Sie einen Deckel darauf, und hüllen Sie den Topf in Leinensäcke ein, oder vergraben Sie ihn in der Erde.
- Nach einer Woche holen Sie den Kessel wieder hervor und entnehmen ihm die Zuckerstücke, die nun an den Fäden hängen.

YASSI KADAYIF

(TEIGTASCHEN MIT SIRUP)

ZUTATEN

Für den Teig:

5 Gläser Mehl

2 Gläser Wasser

1 Glas Milch

Öl

Für die Füllung:

1 Schälchen geschälte Wallnüsse

1 Teelöffel Zimt

5 Esslöffel Rosenwasser (Gülsuyu)

Für den Sirup:

5 Gläser Zucker

4½ Gläser Wasser

2-3 Stückchen Zitronensalz

ZUBEREITUNG

- Rühren Sie mit dem Mehl, dem Wasser und der Milch einen dünnflüssigen Teig an.
- Braten Sie den Teig in der Pfanne, nacheinander jeweils eine Kelle. Legen Sie die fertigen Teigstücke zur Seite.
- Braten Sie anschließend auch die geschälten Walnüsse an. Nehmen Sie dafür neues Öl.
- Fügen Sie nach kurzer Zeit Zimt und Rosenwasser hinzu.
- Für die Zubereitung des Sirups erhitzen Sie den Zucker mit dem Wasser zusammen im Topf.
- Sobald die Flüssigkeit kocht, geben Sie das Zitronensalz dazu.
- Lassen Sie sie weitere 10 Minuten lang kochen, und nehmen Sie den Topf dann von der Flamme.
- Füllen Sie die vorbereiteten Teigstücke mit den Wallnüssen, und falten Sie sie in der • Form eines Halbmondes zusammen.
- Braten Sie sie in heißem Öl an.
- Sobald sie leicht bräunlich geworden sind, holen Sie sie aus dem Öl, und legen Sie sie in den Sirup ein.
- Lassen Sie sie 10 Minuten darin liegen, und servieren Sie sie anschließend.

BADEM ŞEKERİ

(MANDELZUCKER)

ZUTATEN

1 Schälchen Mandeln

1 Schälchen unraffinierter Zucker

2 Eiweiß

Salz

ZUBEREITUNG

- Zerstoßen Sie den Zucker im Mörser, und schütten Sie ihn in eine flache Schale.
- Schlagen Sie das Eiweiß zusammen mit dem Salz in einer Schüssel.
- Tunken Sie nun die Mandeln in das geschlagene Eiweiß, und nehmen Sie sie dann wieder heraus.
- Lassen Sie die Mandeln abtropfen, und wälzen Sie sie im Zucker.
- Legen Sie die Mandeln auf ein Backblech, das Sie dann in den auf 180 Grad vorgeheizten Ofen schieben.
- Backen Sie die Mandeln ca. fünf Minuten lang, und lassen Sie sie dann abkühlen.
- Servieren Sie sie, wenn sie kalt geworden sind.

BADEM HELVASI

(TÜRKISCHER MANDELHONIG)

ZUTATEN

3 Gläser Mandeln

4 Gläser Kandiszukker (Parça şeker)

ZUBEREITUNG

- Legen Sie die Mandeln 10 Minuten lang in heißes Wasser.
- Schälen Sie die eingeweichten Mandeln, und zerstoßen Sie sie dann im Mörser, bis ein Brei entstanden ist.
- Schütten Sie diesen Brei anschließend auf ein Blech.
- Zerstoßen Sie nun auch den Zucker im Mörser zu Mehl, das Sie dann zu den Mandeln geben.
- Verkneten Sie die Mandeln mit dem Zucker, bis ein Teig entstanden ist.
- Servieren Sie den Teig mit einem Löffel.

CEVİZ HELVASI

(WALNUSS-HALWA)

ZUTATEN

3 Gläser geschälte Walnüsse

4 Gläser Kandiszucker

ZUBEREITUNG

- Zerstoßen Sie die Walnüsse im Mörser, sodass ein Brei entsteht.
- Schütten Sie diesen Brei auf ein Backblech.
- Zerstoßen Sie nun den Kandiszucker, bis er eine mehlartige Konsistenz angenommen hat, und geben Sie ihn anschließend zu den Walnüssen.
- Kneten Sie die Walnüsse und den Zucker zu einem Teig zusammen.
- Servieren Sie das Halwa mit einem Löffel.

NUKUL

(TEIGRÖLLCHEN)

ZUTATEN

1 Kilo Mehl

50 Gramm Butter

1 Schälchen geschälte Walnüsse

1 Schälchen Zucker

1 Esslöffel Zimt

reichlich Wasser

ZUBEREITUNG

- Kneten Sie das Mehl mit Wasser zu einem nicht allzu festen Teig zusammen.
- Teilen Sie den Teig in faustgroße Stücke.
- Bedecken Sie die Stücke mit einem feuchten Tuch, und lassen Sie sie eine halbe Stunde ruhen.
- Währenddessen zerstoßen Sie die Walnüsse, den Zimt und den Zucker zusammen im Mörser.
- Rollen Sie dann die Teigstücke mit einer Nudelrolle zu hauchdünnen Blättern aus, nicht dicker als ca. zwei bis drei Millimeter.
- Verteilen Sie die Walnussmischung auf diese Teigblätter, und rollen Sie die Blätter zusammen.
- Schneiden Sie die aufgerollten Blätter in ca. fünf Zentimeter breite Scheiben.
- Legen Sie die Scheiben auf ein tiefes Backblech, sodass die Füllung nach oben und unten weist.
- Schieben Sie das Blech in den Backofen, und backen Sie es bei 180 Grad ca. 20 Minuten lang, bis die Oberfläche knusprig braun aussieht.
- Streuen Sie anschließend Zucker darüber und servieren Sie.

ZAFİRANLI PİRİNÇ TATLISI

(SÜSSSPEISE MIT SAFRANREIS)

ZUTATEN

½ Glas Reis

5½ Gläser Wasser

1 Esslöffel Speisestärke

eine Prise Safran

2 Gläser Zucker

ZUBEREITUNG

- Waschen Sie den Reis gründlich.
- Schütten Sie ihn in einen Topf, geben Sie fünf Gläser Wasser dazu, und bringen Sie es zum Kochen.
- Lösen Sie anschließend die Speisestärke in dem übrig gebliebenen halben Glas Wasser auf.
- Befeuchten Sie den Safran mit ein wenig Wasser.
- Wenn der Reis ca. 20 Minuten lang gekocht hat, fügen Sie den Zucker, den Safran und die Speisestärke hinzu.
- Lassen Sie das Ganze weitere 10 Minuten kochen, dann nehmen Sie den Topf vom Herd und füllen den Reis in kleine Schälchen.
- Lassen Sie ihn abkühlen, anschließend servieren Sie ihn.

MAYHOŞ HOŞAF

(KALTSCHALE MIT PFLAUMEN UND NELKEN)

Da schon in der Seldschukenzeit Äpfel, Birnen, Pflaumen, Feigen, Trauben, Granatapfel und Pfirsiche in Anatolien wuchsen, kann man sich gut vorstellen, dass die Mahoş Hoşaf auch mit diesen Früchten zubereitet wurde.

ZUTATEN

½ Kilo getrocknete Pflaumen

6 Gläser Wasser

3 Esslöffel Verjus

3-5 Nelken

1 Glas Wasser

ZUBEREITUNG

- Geben Sie die Pflaumen, den Zucker, das Wasser und die Nelken in einen Topf.
- Lassen Sie das Ganze ca. eine halbe Stunde lang kochen.
- Schütten Sie dann den Verjus hinzu und lassen den Topf ruhen, bis die Flüssigkeit kalt geworden ist.
- Servieren Sie das Getränk kalt.

BURE

(MANDELPLÄTZCHEN)

ZUTATEN

3 Gläser Mehl

1 Glas gehäutete Mandeln

1 Schälchen Butter

1 Schälchen Zucker

ZUBEREITUNG

- Zerstoßen Sie die Mandeln sehr grob im Mörser.
- Vermengen Sie das entstandene Mehl mit der Butter und dem Zucker.
- Kneten Sie das Ganze zu einem Teig zusammen, in den Sie zum Schluss auch die zerstoßenen Mandeln geben.
- Formen Sie kleine Stücke aus dem Teig, und legen Sie sie auf ein Blech, das Sie zuvor eingefettet haben.
- Schieben Sie das Blech in den Ofen, und backen Sie die Plätzchen 5 Minuten lang bei 180 Grad.
- Danach lassen Sie sie ca. 15 Minuten ruhen und servieren sie anschließend.

FALUZE

(TRAUBENSIRUP MIT NÜSSEN)

ZUTATEN

100 Gramm Weizenspeisestärke

200 Gramm Traubensirup

3 Gläser Wasser

1 Glas geschälte Walnüsse

ZUBEREITUNG

- Verrühren Sie die Speisestärke mit dem Wasser. Achten Sie darauf, dass sie nicht verklumpt.
- Geben Sie das Wasser mit der Stärke anschließend zusammen mit dem Traubensirup in einen Topf.
- Bringen Sie die Flüssigkeit zum Kochen, und rühren Sie währenddessen immer wieder um.
- Wenn sie dickflüssig geworden ist, nehmen Sie den Topf vom Herd.
- Schütten Sie die Flüssigkeit auf einen tiefen Teller, und streuen Sie Walnüsse darüber.
- Servieren Sie die Faluze erst, wenn sie abgekühlt ist.

KADAYIF

(HONIGTEIGFÄDEN)

ZUTATEN

3 Gläser Mehl

1 Glas Wasser

1 Glas Milch

250 Gramm Rahm (Rulo kaymak)

3 Esslöffel Butter

3 Gläser Zucker

1 Teelöffel Zimt

3 Esslöffel Rosenwasser

Pizzapfanne

Kupfersieb

ZUBEREITUNG

- Verrühren Sie das Mehl mit dem Wasser und der Milch zu einem dünnflüssigen Teig.
- Gießen Sie den Teig durch das Sieb in eine Pfanne.
- Braten Sie die Teigfäden auf kleiner Flamme, bis sie bräunlich werden, und schütten Sie sie dann in eine Pizzapfanne um.
- Geben Sie die Butter hinzu, und rösten Sie die Fäden ca. eine halbe Minute lang unter Oberhitze im vorgeheizten Ofen goldbraun.
- Verteilen Sie die Fäden anschließend noch einmal gleichmäßig in der Pfanne.
- Geben Sie den Butterrahm, das Rosenwasser, den Zimt und den Zucker darüber und servieren Sie.

TÜRKMEK HELVASI

(TÜRKMEK-HALWA)

ZUTATEN

2 Gläser Mehl

1 Glas gemahlene Mandeln

1 Glas Honig

2 Gläser Wasser

1 Schälchen Butter

ZUBEREITUNG

- Legen Sie die Butter in eine beschichtete Pfanne, und lassen Sie sie auf der Flamme schmelzen.
- Fügen Sie das Mehl hinzu, und braten Sie es. Achten Sie darauf, dass es nicht anbrennt.
- Geben Sie die Mandeln, den Honig und das Wasser in das Mehl.
- Rühren Sie permanent um, damit die Mischung nicht klumpig wird.
- Wenn das Halwa klumpenfrei ist, nehmen Sie die Pfanne vom Herd und servieren es.

Becher mit Vogelmotiv,
13. Jahrhundert

- V -
SÄFTE UND ANDERE GETRÄNKE

PEKMEZ ŞERBETİ

(VERDÜNNTER TRAUBENSIRUP)

Der Fukka'i war bei den Seldschuken der Saftverkäufer, während der Wasserverkäufer oder Wasserträger Sakka genannt wurde.

ZUTATEN

Glas Traubensirup

5 Gläser Wasser

ZUBEREITUNG

- Mischen Sie den Traubensirup und das Wasser.
- Servieren Sie das Getränk eiskalt in einer Kanne.

NARDENK ŞERBETİ

(GRANATAPFELSAFT)

ZUTATEN

10 große Granatäp-
fel

3 Gläser Würfelzuk-
ker

Kupfersieb

sauberes Seihtuch
aus Baumwolle

ZUBEREITUNG

- Halbieren Sie die Granatäpfel.
- Höhlen Sie sie mit einem Löffel aus, und sammeln Sie die Kerne in einer Schale.
- Zermahlen Sie die Kerne in dem Kupfersieb.
- Den ausgepressten Saft sieben Sie dann durch das Seihtuch in einen Topf.
- Fügen Sie den Zucker hinzu, und stellen Sie den Saft auf die Flamme.
- Kochen Sie ihn ca. 30 Minuten lang, bis er dunkel geworden ist.
- Nach dem Abkühlen servieren Sie den Saft. Er lässt sich beliebig mit Wasser verdünnen.

SİRKENCUBİN

(ESSIGSAFT MIT HONIG)

Die Seldschuken tranken ihre Säfte im Sommer mit Eis, das der Mücemmid verkaufte.

ZUTATEN

5 Esslöffel Honig

5 Esslöffel Essig

5 Gläser Wasser

ZUBEREITUNG

- Verrühren Sie das Wasser, den Essig und den Honig in einer Schüssel.
- Schütten Sie den Saft in eine Kanne, und servieren Sie ihn eiskalt.

LİMONLU BAL ŞERBETİ

(ZITRONENSAFT MIT HONIG)

ZUTATEN

3 Zitronen

1 Glas Honig

6 Gläser Wasser

ZUBEREITUNG

- Pressen Sie die drei Zitronen aus.
- Verdünnen Sie ihren Saft mit einem Glas Wasser, und kochen Sie ihn kurz auf.
- Schütten Sie das aufgekochte Zitronenwasser in eine Kanne.
- Geben Sie ein weiteres Glas Wasser und Honig dazu.
- Rühren Sie gut um.
- Geben Sie die restlichen Gläser Wasser dazu, und servieren Sie den Saft kalt.

AYRAN

ZUTATEN

Joghurt

Wasser

ZUBEREITUNG

- Schütten Sie den Joghurt in einen Lederschlauch.
- Geben Sie das Wasser hinzu.
- Schlagen Sie ihn mit einem Bişkek (Rührbesen), damit sich das Fett löst.
- Sammeln Sie das Fett in einer Schüssel.
- Wenn sich kein weiteres Fett mehr löst, ist das, was übrig ist, zu Ayran geworden.
- Servieren Sie den Ayran kalt.

KAR ŞERBETİ

(SCHNEE-SAFT)

Vermutlich stellten die Seldschuken mit ähnlichen Zutaten auch Speiseeis her, das Karsambaç genannt wurde. Aus den Quellen geht hervor, dass sie dabei ebenfalls Stärke verwendeten.

ZUTATEN

2 Esslöffel Speisestärke

2 Gläser Traubensirup

3 Gläser Wasser

Schnee aus dem Anamas-Gebirge/ zerkleinerte Eisstückchen

ZUBEREITUNG

- Verrühren Sie das Wasser mit der Speisestärke.
- Schütten Sie es durch ein Sieb in einen Topf.
- Schütten Sie anschließend den Traubensirup dazu, und lassen Sie es 15 Minuten lang kochen.
- Nehmen Sie den Topf vom Herd, und lassen Sie ihn abkühlen.
- Geben Sie die Eisstückchen unmittelbar vor dem Servieren in den Saft.

GÜLAP ŞERBETİ

(ROSENWASSERSAFT)

ZUTATEN

10 Rosenblätter

2-3 Stückchen Zitronensalz

2 Gläser Zucker

1 Einmachglas

ZUBEREITUNG

- Reiben Sie die Rosenblätter mit dem Zucker und dem Zitronensalz ein.
- Dabei entsteht ein Gelee, das Sie in ein Einmachglas geben.
- Verschließen Sie das Glas gut mit einem Deckel, und stellen Sie es auf eine Fensterbank.
- Nach 15 Tagen verdünnen Sie das Gelee mit Wasser und servieren es.

ÜZÜM ŞERBETİ

(TRAUBENSAFT)

ZUTATEN

2 Kilo Trauben

Kupfersieb

sauberes Seihtuch aus Baumwolle

ZUBEREITUNG

- Legen Sie die Trauben in das Kupfersieb und das Sieb auf eine Schüssel.
- Zermalmen Sie die Trauben mit der Unterseite einer anderen Kupferschüssel.
- Dann seihen Sie den Saft der Trauben durch das Tuch in eine Kanne.
- Servieren Sie den Saft kalt.

BAL ŞERBETİ

(HONIGSAFT)

ZUTATEN

6 Gläser Wasser

1 Glas Honig

ZUBEREITUNG

- Erhitzen Sie ein Glas Wasser, bis es lauwarm ist.
- Schütten Sie den Honig in das lauwarme Wasser, und verrühren Sie ihn darin.
- Gießen Sie die anderen fünf Gläser Wasser in eine Kanne, und kippen Sie die Honigmischung dazu.
- Servieren Sie den Saft kalt.

SÜT ŞERBETİ

(MILCHSAFT)

ZUTATEN

5 Gläser Milch

1 Glas Zucker

1 Glas Wasser

ZUBEREITUNG

- Erwärmen Sie das Wasser und den Zucker in einem Stieltopf.
- Kippen Sie das Zuckerwasser mit der Milch zusammen in eine Kanne.
- Servieren Sie den Saft kalt aus der Kanne.

ŞEKER ŞERBETİ
(ZUCKERSAFT)

ZUTATEN

1 Glas Würfelzuckerstücke

1 Tasse Rosenwasser

5 Gläser Wasser

ZUBEREITUNG

- Rühren Sie den Zucker in das Wasser.
- Fügen Sie das Rosenwasser hinzu, rühren Sie erneut gut um, und geben Sie den Saft in eine Kanne.
- Servieren Sie den Saft kalt.

Schale aus der Seldschukenära,
13. Jahrhundert

Schale aus der Seldschukenära,
13. Jahrhundert

GLOSSAR

Seldschuken - Die Dynastie der Seldschuken stammte ursprünglich aus Zentralasien. Sie unterwarf im 11. Jahrhundert nacheinander Iran, Irak, Syrien und weite Teile der heutigen Türkei. Im Jahr 1081 spalteten sich die Rum-Seldschuken vom Reich der Großseldschuken ab und herrschten fortan bis 1307 über Anatolien. Zentrum ihrer Macht war die Stadt Konya. Im 14. Jahrhundert wurden die Seldschuken von den Osmanen beerbt.

Die Seldschuken begründeten eine humanistische Zivilisation auf hohem Niveau, indem sie arabische und persische Elemente in ihre eigene mittelasiatische Kultur integrierten. Sie bauten Straßen, Brücken und Karawansereien; besonders in der Architektur und in der Kunst vollbrachten sie beeindruckende Leistungen. Darüber hinaus unterhielten sie große Krankenhäuser und Sternwarten, in denen die Medizin und die Astronomie weiterentwickelt wurden.

In mehreren türkischen Städten, zum Beispiel in Kayseri, Niğde, Sivas, Divrik, Amasya, Urfa, Malatya und natürlich in Konya, sind Bauwerke aus der Seldschukenzeit bis heute erhalten geblieben. Seldschukische Kunstobjekte wie Wandfliesen *(Fayencen)* oder filigrane Holz- und Metallarbeiten können als Ausstellungsgegenstände in Museen bewundert werden.

Sultan Keykubad - Sultan Keykubad amtierte von 1220 bis 1237 als Sultan. Unter ihm erreichte das Reich der Rum-Seldschuken seine größte Ausdehnung und den Gipfel seiner Macht. Er war es auch, der den berühmten persischen Dichter und Mystiker Mewlana Dschelaleddin Rumi nach Konya holte, genauer gesagt Rumis Vater. Als dessen guter Ruf als Gelehrter zu dem Sultan vordrang, lud er ihn ein und offerierte ihm einen Lehrstuhl. Nach dem Tod seines Vaters übernahm Rumi selbst dann den Lehrstuhl.

Dergah - Der aus dem Persischen stammende Begriff Dergah wird oft mit Kloster oder Konvent übersetzt. Allerdings ist ein Dergah *(auch Tekke genannt)* das Zentrum eines Sufi-Ordens (einer Sufi-*Tariqa*) und nicht mit einem Kloster im christlichen Sinne zu vergleichen. Die Männer, die im Dergah lebten, hießen Sufis oder - im Fall des Mevlevi-Ordens - auch Derwische. Sie widmeten sich der Anrufung Gottes mit speziellen Ritualen, sogenannten *Dhikr*-Zeremonien, aber auch dem Studium und anderen Arbeiten.

In Konya gab es im 13. Jahrhundert eine Reihe von Dergahs, einer davon gehörte zum Sufi-Orden der Mevlevis, der auf Mewlana Dschelaleddin Rumi zurückgeht. Dieser Orden verbreitete sich später in aller Welt. Er wird auch als der Orden der Tanzenden Derwische bezeichnet, in Anlehnung an den berühmten *Sema*-Tanz, bei dem die Derwische einen ekstatischen Zustand erreichen, der ihnen ermöglicht, Gott sehr nahekommen. Konya war der Geburtsort des Mevlevi-Ordens.

Kubad Abad Palast - Der Kubad Abad Palast wurde unter dem Seldschuken-Sultan Keykubad als Sommerresidenz errichtet. Er liegt am Ufer des Sees von Beyşehir, 90 Kilometer südwestlich der türkischen Stadt Konya, und ist der einzige bis heute erhalten gebliebene Palastkomplex der Seldschuken. Früher umfasste dieser Komplex 16 Gebäude, darunter neben dem großen auch noch einen kleinen Palast. Bei Ausgrabungen auf dem Gelände wurden unter anderem wertvolle grüne, türkisfarbene und blaue Keramik-Wandfliesen (*Fayencen*) mit vielgestaltigen Motiven gefunden. Diese Fundstücke sind heute im Karatay-Museum in Konya zu besichtigen. Von dem Palastkomplex selbst stehen nur noch einige Ruinen.

Scheich - *Scheich* ist der arabische Begriff für Greis, alter Mann. Generell werden damit Männer bezeichnet, die eine exponierte Stellung im sozialen, geistlichen und weltlichen Gefüge einnehmen. Bei muslimischen Ordensgemeinschaften und Gemeinden wird der Begriff als Ehrentitel für das religiöse Oberhaupt verwendet. In unserer Geschichte bezeichnet er den Vorsteher des Dergahs.

Hodscha - Ein Hodscha ist ganz allgemein ein religiöser Gelehrter. Speziell hier ist ein Lehrer gemeint, der zum Beispiel in Schulen unterrichtete, die Moscheen oder Dergahs angegliedert waren.

Ramadan - Der Ramadan ist der Fastenmonat der Muslime. In diesem Monat fasten gesunde erwachsene Frauen und Männer zwischen Sonnenauf- und Sonnenuntergang. Außerdem widmen sie dem Dienst an Gott mehr Zeit als in den übrigen Monaten des Jahres.

Sahur-Mahlzeit - Diese Frühmahlzeit wird kurz vor der Morgendämmerung und dem Morgengebet eingenommen. Sie gestattet den Fastenden, sich vor dem Fasten noch einmal zu stärken.

Iftar - Der Begriff *Iftar* bezeichnet das Fastenbrechen im Ramadan nach Sonnenuntergang. Gewöhnlich trinkt man dabei zunächst einige Schlucke Wasser und isst eine Dattel, bevor man dann die eigentliche Mahlzeit einnimmt. Zum *Iftar*-Essen trifft man sich seit jeher auch gern mit Verwandten, Freunden und Nachbarn. Viele muslimische Gemeinden in der westlichen Welt haben diesen alten Brauch in den letzten Jahren noch ausgeweitet und laden alle Interessierten zum *Iftar*-Essen ein.

Terawih-Gebet - Das *Terawih*-Gebet ist ein Gebet auf freiwilliger Basis. Es wird an den Abenden des Monats Ramadan nach dem Nachtgebet und vor dem *Witr*-Gebet, dem letzten Gebet der Nacht, in Gemeinschaft verrichtet.

Nacht der Allmacht (oder auch: Nacht der Bestimmung) - Die Nacht der Allmacht ist die Nacht der ersten Offenbarung des Korans. Sie fällt in den Monat Ramadan, allerdings lässt sich ihr genaues Datum nur annähernd verorten: nämlich auf die ungeraden der letzten 10 Nächte des Fastenmonats; um welche Nacht genau es sich handelt, ist ungewiss. Dem Koran zufolge bringt die Nacht der Allmacht großen Segen. Daher bemühen sich die Muslime, sie im Gebet und im Gedenken an Gott zu verbringen.

Besmele - Der Begriff *Besmele* ist eine Kurzbezeichnung für die Formel *bi-smillahi-r-rahmani-r-rahim* („Im Namen Gottes, des Erbarmers, des Barmherzigen!"), die allen Suren des Korans (außer der 9.) voransteht und zu Beginn aller bedeutsamen Vorhaben und Projekte gesprochen werden soll.

Schale mit Blumenmotiv aus der Seldschukenära,
13. Jahrhundert

LITERATUR

- Ahmed bin Mahmud, *Selçukname II,* Kervan Kitapçılık, Istanbul, 1977
- Ahmet Cavid, *Tercüman-ı Kenzü'l-İştiha,* Hazırlayanlar: Seyit Ali Kahraman, Priscilla Mary Işın, Kitap Yayınevi, Istanbul, Oktober 2006
- Akçura, Gökhan, *Hamini Gırtlak,* Everest Yayınları, Istanbul, Oktober 2005
- Akkor, Muhammed Ömür, "Geçmiş Yüzyıllardan Bir Rüya; Beyşehir," *Yolculuk Dergisi,* Ausgabe 83, S. 106, 2011
    - *Bursa Mutfağı,* İş Bankası Kültür Yayınları, Istanbul, März 2009
- Akkuş, Fatma, "Kaşaklı'dan Yeşildağ'a Yöresel Yemeklerimiz ve Tarihi Süreç İçerisinde Türkischen Mutfağındaki Yeri," *T.C. Selçuk Üniversitesi Beyşehir Meslek Yüksekokulu, 1. Uluslararası Beyşehir ve Yöresi Sempozyumu Bildiriler Kitabı,* Beyşehir, 11.-13. Mai 2006
- Ali Eşref Dede, *Yemek Risalesi,* Übersetzung: Feyzi Halıcı, Atatürk Kültür Merkezi Yayınları, Ankara 1992
- Arabacı, Caner, *Küçükdağ, Yusuf, Selçuklular ve Konya,* Mikro Yayınları, Konya, 1999
- Arık, Rüçhan, *Arık, Oluş, Anadolu Toprağının Hazinesi,* Çini, Kale Grubu Kültür Yayınları, Istanbul, 2007
    - *Kubad Abad,* Türkiye İş Bankası Kültür Yayınları, Istanbul, 2000
    - "Kubad Abad Sarayı'nın Türk Sanatındaki Yeri," *T.C. Selçuk Üniversitesi Beyşehir Meslek Yüksekokulu, 1. Uluslararası Beyşehir ve Yöresi Sempozyumu Bildiriler Kitabı,*Beyşehir, 11.-13. Mai 2006
- Baykara, Tuncer, *Türkiye Selçukluları Devrinde Konya,* Konya Valiliği İl Kültür

Müdürlüğü, Arı Ofset Matbaacılık, Konya, 1998

- Bayram, Mikail, *Türkiye Selçukluları Üzerine Araştırmalar,* Kömen Yayınları, Konya, 2005
- Bilir, Nazif, "Beyşehir'de Balıkçılık," *T.C. Selçuk Üniversitesi Beyşehir Meslek Yüksekokulu, 1. Uluslararası Beyşehir ve Yöresi Sempozyumu Bildiriler Kitabı,* Beyşehir, 11.-13. Mai 2006
- Burgu, Yavuz Selim, *Anadolu Selçukluları,* Selenge Yayınları, Istanbul, 2011
- Cahen, Claude, "13. Yüzyılın Başında Anadolu'da Ticaret," *"Cogito,"* 29. Ausgabe, Yapı Kredi Yayınları, Istanbul, 2001
- Çaycı, Ahmet, *Eşrefoğlu Beyliği Dönemi Mimari Eserleri,* Türk Tarih Kurumu Yayınları, Ankara, 2008
- Celalüddin, Hızır, *Müntahab-ı Şifa,* Übersetzung: Zafer Önler, Türk Dil Kurumu Yayınları, Ankara, 1990
- Çetin, Kenan, *Selçuklu Medeniyeti Tarihi,* Yitik Hazine Yayınları, İzmir, August 2011
- Cudi, İbrahim, *Lugat-ı Cudi,* Übersetzung: İsmail Parlatır, Belgin Tezcan Aksu, Nicolai Tufar, Türk Dil Kurumu Yayınları, Ankara, 2006
- Cumbur, Müjgan, "Mevlana'nın Mesnevi'sinde ve Divan-ı Kebir'de Yemekler," *Türk Mutfağı Sempozyumu Bildiri Kitabı,* Kültür ve Turizm Bakanlığı Milli Folklör Araştırma Dairesi Yayınları, Ankara, 1982
- Curatola, Giovanni, *Türkiye, Selçuklulardan Osmanlı'ya Sanat,* Übersetzung: Kemal Atakay, Yapı Kredi Yayınları, Istanbul, Kasım 2010
- Demirci, Mustafa, *Selçuklu'dan Osmanlı'ya Bilim, Kültür ve Sanat,* Kömen Yayınevi, Konya, 2009
- Erdemir, Yaşar, *Beyşehir Eşrefoğlu Süleyman Bey Camii ve Külliyesi,* Beyşehir Vakfı Yayınları, Beyşehir, 1999
- Fazlıoğlu, İhsan, "Selçuklular Döneminde Anadolu'da Felsefe ve Bilim,"

"Cogito," 29. Ausgabe,Yapı Kredi Yayınları, Istanbul, 2001

- Genç, Reşat, *11. yüzyılda Türk Mutfağı,* http://www.turkish-cuisine.org/article_details.php?p_id=18&Pages=Articles&PagingIndex=3
- Göde, Kemal, "Beyşehir ve Göller Yöresindeki Oğuz Boylarının Dünü ve Bugünü," *T.C. Selçuk Üniversitesi Beyşehir Meslek Yüksekokulu, 1. Uluslararası Beyşehir ve Yöresi Sempozyumu Bildiriler Kitabı,* Beyşehir, 11.-13. Mai 2006
- Gölpınarlı, Abdulbaki, *Mevlânâ Celaleddin,* İnkılap Kitapevi, Istanbul 2010
    - *Mevlana'dan Sonra Mevlevilik,* İnkılap Kitapevi, Istanbul, 2009
    - *Mevlevi Adap ve Erkanı,* Tablet Yayınları, Konya
- Gordlevski V., *Anadolu Selçuklu Devleti,* Übersetzung: Azer Yaran, Onur Yayınları, Ankara, 1988
- Hadiye, Fahriye, *Tatlıcıbaşı, Bateş Kültür Yayınları,* Istanbul, Aralık 2002
- Halıcı, Nevin, *Konya Yemek Kültürü ve Konya Yemekleri,* Rumi Yayınları, Ankara, 2005
    - *Mevlevi Mutfağı, Metro Kültür Yayınları,* Istanbul, Aralık 2007
- İbn Bibi, *Selçukname,* Übersetzung: Mükrimin Halil Yinanç, Kitapevi Yayınları, Istanbul, 2010
- İbnü'l Adim, *Bugyetü't-taleb fi Tarihi Haleb, Biyografilerle Selçuklular Tarihi,* Übersetzung: Ali Sevim, Türk Tarih Kurumu Basımevi, Ankara, 1989
- Işın, Priscilla Mary, *Gülbeşeker, Türk Tatlıları Tarihi,* Yapı Kredi Kültür Yayınları, Istanbul, 2008
- Işın, Priscilla Mary, *Osmanlı Mutfak Sözlüğü,* Kitap Yayınevi, Istanbul, 2010
- Kaşgarlı Mahmut, *Divanü Lugât-it-Türk,* Übersetzung: Besim Atalay, Türk Dil Kurumu Yayınları, Ankara, 2006
- Kaymaz, Nejat, *Anadolu Selçuklularının İnhitatında İdare Mekanizmasının Rolü,* Türk Tarih Kurumu basımevi, Ankara 2011

- Koşay, Hamit Zübeyir, "Eski Türklerin Anayurdu ve Yemek Adları," *Türk Mutfağı Sempozyumu Bildiri Kitabı,* Kültür ve Turizm Bakanlığı Milli Folklor Araştırma Dairesi Yayınları, Ankara, 1982
- Köymen, Mehmet Altay, "Selçuklular Zamanında Beslenme Sistemi," *Türk Mutfağı Sempozyumu Bildirileri,* 31 Ekim -1 Kasım, Kültür ve Turizm Bakanlığı Milli Folklör Araştırma Dairesi Yayınları, Ankara, 1982
    - *Selçuklu Devri Türk Tarihi,* Türk Tarih Kurumu Basımevi, Ankara, 1998
- Kuran, Aptullah, *Selçuklular'dan Cumhuriyet'e Türkiye'de Mimarlık,* Türkiye İş Bankası Kültür Yayınları, Istanbul, Juni 2012
- Kut, Günay, *Türklerde Beslenme Biçimi Dünü-Bugünü*
- Mahmut Nedim Bin Tosun, *Aşçıbaşı,* hazılayan: Priscilla Mary Işın, Yapı Kredi Yayınları, Istanbul, Juli 1998
- Mehmet Kamil, *Melceü't Tabbahin (Aşçıların Sığınağı),* Übersetzung: Cüneyt Kut, Duran Ofset, Istanbul, 1997
- Merçil, Erdoğan "Anadolu Selçukluları'nda Meslekler," *"Cogito,"* 29. Ausgabe, Yapı Kredi Yayınları, Istanbul, 2001
    - *Büyük Selçuklu Devleti,* Nobel Yayınları, Ankara, März 2011
    - *Türkiye Selçuklularında Meslekler,* Türk Tarih Kurumu Basımevi, Ankara 2000
- Mevlânâ Celaleddin-î Rumi, *Divan-ı Kebir, 1, 2, 3, 4, 5, 6, 7, 8,* Übersetzung: Abdulbaki Gölpınarlı, İş Bankası Kültür Yayınları, Istanbul, 2007
    - *Mesnevi,* Übersetzung: Ahmet Metin Şahin, Kaynak Yayınları, Istanbul, 2011
    - *Mesnevi-i Şerif, 1, 2, 3, 4, 5, 6,* Übersetzung: Amil Çelebioğlu, Milli Eğitim Bakanlığı Yayınları, Istanbul 2001
- Muhammed bin Mahmud Şirvani, *15. yy. Osmanlı Mutfağı,* Mustafa Argunşah, Müjgan Çakır, Gökkubbe Yayınları, Istanbul, 2005

- Muhammed El- Kerim, *Kitabü't Tabbih,* Übersetzung: Nazlı Pişkin, Kitap Yayınevi, Istanbul, Oktober 2009
- Odabaşı, Sefa, *Geçmişten Günümüze Konya Kültürü,* Selçuklu Belediyesi Kültür Müdürlüğü Yayınları, Konya, März 1999
- Öğel, Bahaddin, "Türk Mutfağının Gelişmesi ve Türk Tarih Gelenekleri," *Türk Mutfağı Sempozyumu Bildiri Kitabı,* Kültür ve Turizm Bakanlığı Milli Folklör Araştırma Dairesi Yayınları, Ankara, 1982
- Oral, Zeki, "Selçukilerde Giyim Eşyası," *"Türk Etnografya,"* Band 5, S. 14, 1962
    - "Selçuklu Devri Yemekleri ve Ekmekleri," *"Türk Etnografya Dergisi,"* Band 1 S. 73, 1956
    - "Selçuklu Devri Yemekleri ve Ekmekleri," *"Türk Etnografya,"* Band 2, S. 29, 1956
- Reşidü'd-din Fazullah, *Selçuklu Devleti,* Übersetzung: Erkan Göksü, Hüseyin Güneş, Selenge Yayınları, Istanbul, 2010
- Şahin, Mustafa, "Türklerde Yemek Kültürü," *"Kümbet,"* Band 16, S. 59, 2010
- Sarre, Frıedrıch, *Konya Köşkü,* Übersetzung: Şahabeddin Uzluk, Türk Tarih Kurumu Basımevi, Ankara, 1989
- Şavkay, Tuğrul *Osmanlı Mutfağı,* Şekerbank Yayınları, Istanbul, 2010
    - *Halk Mutfağımız,* Liber Kültür Sanat Yayın, Istanbul, 2006
    - *Tatlı Kitabı,* Şekerbank Yayınları, Istanbul, 2010
- Şemseddin Sami, *Kamus-i Türki,* Übersetzung: *Paşa Yavuza*slan, Türk Dil Kurumu Yayınları, Ankara, 2010
- Şenyapılı, Önder, *Tadların Adları,* Cumartesi Yayınları, Ankara, 2006
- Soysal, Sahrap, *Derviş Sofraları,* Doğan Kitap, Istanbul, Kasım 2007
- Taneri, Aydın, *Türkiye Selçukluları Kültür Hayatı,* Bilge Yayınları, Konya, 1977
- Türabi Efendi, *Osmanlı Mutfağı,* Dönence Yayınları, Istanbul, 2005

- Turan, Osman, *Selçuklular Zamanında Türkiye,* Ötüken Yayınları, Istanbul 2010
- Türker, Ayşe, "Kubad Abad ve Kız Kalesi Kazılarında Bizans Dönemini Temsil Eden Buluntular," *T.C. Selçuk Üniversitesi Beyşehir Meslek Yüksekokulu, 1. Uluslararası Beyşehir ve Yöresi Sempozyumu Bildiriler Kitabı,* Beyşehir, 11.-13. Mai 2006
- Ünver, Süheyl, "Selçuklular, Beylikler ve Osmanlılarda, Yemek Usulleri ve Vakitleri," *Türkischen Mutfağı Sempozyumu Bildirileri, 31 Ekim-1 Kasım,* Kültür ve Turizm Bakanlığı Milli Folklör Araştırma Dairesi yayınları, Ankara, 1982
- Uymaz, Emine, "Anadolu Selçuklu Çağı Kronolojisi," *"Cogito,"* 29. Ausgabe, Yapı Kredi Yayınları, Istanbul, Güz 2001
    - "Anadolu Selçuklu Sultan I. Alaeddin Keykubat Dönemine (1220-1237) Bir Bakış," *"Cogito,"* 29. Ausgabe, Yapı Kredi Yayınları, Istanbul, Güz 2001
- Uysal, Osman, "Kubad Abad Hamamları," *T.C. Selçuk Üniversitesi Beyşehir Meslek Yüksekokulu, Uluslararası Beyşehir ve Yöresi Sempozyumu Bildiriler Kitabı,* Beyşehir, 11.-13. Mai 2006
- Uyumaz, Emine, *Sultan I. Alaeddin Keykubat Devri Türkiye Selçuklu Devleti Siyasi Tarihi,* Türkischen Tarih Kurumu Yayınları, Ankara, 2003
- Yardımcı, Saime, *Konya Mutfağı,* İş Bankası Kültür Yayınları, Istanbul, 2012
- Yerasimos, Marianna, *Osmanlı Mutfağı,* Boyut Yayınları, Istanbul, 2002
- Yerasimos, Stefanos *Sultan Sofraları,* Yapı Kredi Yayınları, Istanbul, 2002
- Yusufoğlu, Mehmet, *Selçuklu Yemeklerinden Herise ve Tutmaç*

www.anatolischekueche.de

NOTIZEN